사춘기 철학교과서

생각을 키워주는 10대들의 철학책

사춘기 철학 교과서

2013년 5월 6일 제1판 제1쇄 발행
2016년 3월 21일 제1판 제7쇄 발행

지은이   김보일
펴낸이   강봉구

마케팅   윤태성
책임편집   고흥준
디자인   비단길
인쇄제본   (주)아이엠피

펴낸곳   작은숲출판사
등록번호   제406-2013-000081호
주소   413-170 경기도 파주시 신촌로 21-30(신촌동)
서울사무소 100-250 서울시 중구 퇴계로32길 34
전화   070-4067-8560
팩스   0505-499-8560
홈페이지   http://cafe.daum.net/littlef2010
이메일   littlef2010@daum.net

©김보일

ISBN 978-89-97581-18-4   43100
값 14,000원

생각을 키워주는 10대들의 철학책

사춘기 철학 교과서

김보일 지음

작은숲

일어날까, 말까, 공부할까, 놀까, 어떤 물건을 살까, 말까……

우리의 삶은 선택의 연속입니다. 여러 가지 중에서 자기의 마음에 드는 것을 선택할 수 있을 때, 우리는 자유를 가졌다고 할 수 있겠죠. 그런데 우리에게는 선택할 수 있는 것과 선택할 수 없는 것이 있습니다. 외모와 부모님과 조국처럼 선택할 수 없는 것, 그것을 운명이라고 할 수 있습니다. 이런 운명은 바꿀 수가 없습니다. 그러나 운명에 대한 나의 태도는 바꾸거나 선택할 수 있습니다. 예를 들면, '나는 못생겼어.'라고 생각하기보다는 '잘생기진 않았어도 이 정도면 나쁘지는 않아.'라고 자기 스스로를 존중하는 것이죠.

'나의 외모, 나의 성격이 그렇게 나쁘지는 않아, 어쩌면 보통 이상일지도 몰라'라고 생각하는 것, 바로 그것이 자존감입니다. 자기를 존중하는 마음, 자신이 품위가 있다고 생각하는 마음이 있을 때, 인간은 불행에서 벗어날 수 있습니다. 그렇다면 이 자존감은 어떻게 해야 얻을 수 있을까요? 자존감을 얻으려면 먼저 자기 스스로에 대해서 대견하다고 생각해야 합니다. 그럼 어떻게 해야 자기에 대해서 대견하다고 생각하게 될까요? 밤새워 게임을 했을 때? 멋진 옷을 입었을 때?

그러나 그런 경험은 누구에게나 있을 법한 일입니다. 누구도 해내지 못할 일을 계획하고 그것을 이루어 냈을 때, 그리고 우리가 해낸 일이 가치 있는 것일 때, 우리는 스스로를 대견하다고 생각합니다. 가령, 지리산 정상에 올랐을 때, 천리행군을 도보로 끝냈을 때, 몇 달 걸려 천자문을 모두 암기했을 때, 느끼는 뿌듯한 마음, 바로 그것이 자존감입니다. 자존감은 노력의 결과이지 그냥 생기는 것이 아닙니다.

여러분은 '내 친구들은 이런 생각을 도저히 할 수 없을 거야'라고 생각한 적이 없나요? 다른 사람에 대해서 아무런 근거도 없이 '그들이 나보다 못할 거야'라고 생각해서는 안 되죠. 그러나 스스로 열심히 책을 읽고, 혹은 직접 경험을 통해서 남들이 생각하지 않는, 기발하고 탁월한 생각을 한다거나, 남들보다 월등한 논리적인 사고를 가질 수 있다면 여러분은 스스로를 대견하다고 생각해도 좋습니다. 바로 그런 창의력과 사고력을 가질 수 있게 하는 힘, 바로 그것이 철학이라고 생각합니다. 다시 말해서 철학은 스스로에 대해서 자존감을 갖도록 만들어 줍니다.

여러분은 철학자 디오게네스와 알렉산더 대왕 사이에 있었던 일화를 알고 있나요? 알렉산더 대왕은 가난한 철학자인 디오게네스에게 원하는 소원이 있으면 말해 보라고 하죠. 그러자 디오게네스는 "지금 내가 간절히 원하는 것은 햇볕을 막고 있는 대왕이 잠시 비켜주는 것"이라고 답했다고 합니다. 저는 이렇게 말할 수 있는 사람이 바로 스스로를 존중할 수 있는 사람이라고 생각합니다. 세상 사람들이 누가 뭐라고 해도 상관하지 않고 자기를 드높게 생각할 수 있는 마음, 이것이 자존감이라고 생각합니다. 그런 마음을 지니기 위해서는 우리의 내면에 무언가 풍성한, 그 무엇이 있어야 합니다.

남들이 뭐라고 나를 평가하는지에 대해서 신경을 곤두세우는 사람은 마음이 편할 수가 없습니다. 그러나 내 안에 보물이 있어 나 스스로를 존경할 수 있는 사람은 디오게네스처럼 편안함 마음을 지닐 수 있습니다. 철학을 공부한다면, 디오게네스처럼 세상의 평가에 아랑곳하지 않는 의연한 마음, 풍성한 마음이 생길 것입니다.

2013년 4월

김보일

차례

1 자아와 정체성

어떤 '내'가 진짜 '나'일까? •014

나는 변화의 중심에서 변화를 만드는 존재다 •019

구두쇠가 어떻게 자선가가 될 수 있었을까? •022

내 안의 나, 내 밖의 나, 나는 누구인가? •027

공주병과 왕자병은 어디에 원인이 있는 것일까? •037

부끄러움을 안다는 것은 무엇을 의미할까? •046

약속을 지키는 것이 어떻게 자기를 사랑하는

행동이 될 수 있을까? •052

2 고통

몸과 마음은 어떻게 하나가 되는가? •060

고통은 또 다른 행복을 열어 주는 문이다 •066

고통을 음미하는 초월의 정신 •072

3 운명과 자유

살인자의 운명을 지닌 채 태어나는 사람이 과연 있을까? •078

로봇은 자신의 행동을 스스로 결정할 수 있을까? •083

인간의 운명도 미리 결정된 대로 진행될까? •087

점성술사는 어떻게 예측의 힘을 얻었을까? •092

마이너리티 리포트의 예언가들과

델포이 신전의 예언가들은 어떻게 다른가? •098

절대적인 자유는 가능할까? •101

인간이 자유롭다는 생각은 호르몬이 만들어 내는

착각이 아닐까? •104

인간의 자유는 유전자가 만들어 내는 결과물일까? •106

기술은 인간의 자유를 증가시킬 수 있을까? •112

사물에는 불변하는 본질이 있는 것일까? •116

모든 욕망이 다 나쁜 것일까? •119

4 철학과 의심

왜 철학의 생일을 기원전 585년 5월 28일로 볼까? • 128

시장 사람들, 밀레토스인들은 왜 의심이 많았을까? • 132

탈레스는 어떻게 의심 많은 밀레토스인들의

마음을 얻을 수 있었을까? • 135

5 의미와 기호

의미와 기호의 차이는 무엇일까? • 142

기호가 바뀌면 의미도 바뀌지 않을까? • 144

책상은 반드시 책상이기만 해야 할까? • 148

놀고 있는 사람이 자유로운 사람이다 • 152

소변기는 소변기에 그치는 것일까? • 154

구름은 구름이 아니다 • 156

상상력이 여유에서 나온다고? • 158

정신적 여유는 한가한 시간에서 오는 것이 아니다 • 161

여유는 멈춤의 지혜다 • 164

6 객관과 주관

사진은 객관적 증거물이 될 수 있을까? ·172

어떤 사진이 더 올바른 사진인가? ·176

삶의 균형 감각은 어디에서 오는 걸까? ·178

7 모순

플라톤은 왜 책을 부정적으로 생각했을까? ·184

그럼 왜 플라톤은 그렇게 많은 글을 썼을까? ·188

왜 듣기 싫은 말도 들어야 할까? ·192

왜 TV 속의 이미지를 그대로 믿으면 안 될까? ·196

광고가 진짜 말하고 싶은 것은 무엇일까? ·200

남들의 판단에 목숨을 걸어야 할까? ·203

어떻게 한 소년의 생각이 세상을 바꿀 수 있었을까? ·206

왜 사람들은 유행을 따라가지 못해 안달을 할까? ·210

독립적으로 살기 위해 필요한 것은 무엇일까? ·214

왜 사람들은 똑같은 사물을 다르게 보는 것일까? ·217

인간이 보는 세계가 절대적인 세계일까? ·221

내가 사는 곳의 문화만이 옳은가? ·223

모든 문화를 다 존중해야 하는 것일까? ·229

나와 다른 문화를 어떻게 받아들여야 하는가? •234

8 공평

공평이란 무엇인가? •240

왜 14살이 안 되면 형사 처분을 받지 않을까? •244

세금을 어떻게 물리는 것이 공평한가? •247

물에 두 사람이 빠졌다. 누구를 구할 것인가? •250

폭력적인 성향을 타고났다고 해서 죄가 없을까? •255

불공평해! 내 정보는 적은데, 왜 네 정보는 많은 거야? •257

누가 피자를 차지할 것인가? •262

왜 장애를 가진 친구에게는 특별한 혜택이 주어질까? •265

왜 공무원 채용에서 여성들을 우대할까? •268

법률의 개정은 어떤 원리에 따라야 할까? •272

물음을 달리할 수 있은 능력이 철학적 능력이다 •276

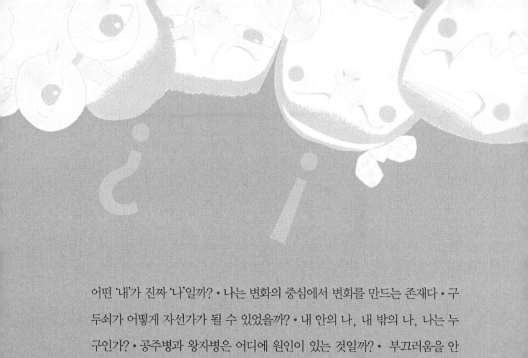

어떤 '내'가 진짜 '나'일까? • 나는 변화의 중심에서 변화를 만드는 존재다 • 구두쇠가 어떻게 자선가가 될 수 있었을까? • 내 안의 나, 내 밖의 나, 나는 누구인가? • 공주병과 왕자병은 어디에 원인이 있는 것일까? • 부끄러움을 안다는 것은 무엇을 의미할까? • 약속을 지키는 것이 어떻게 자기를 사랑하는 행동이 될 수 있을까?

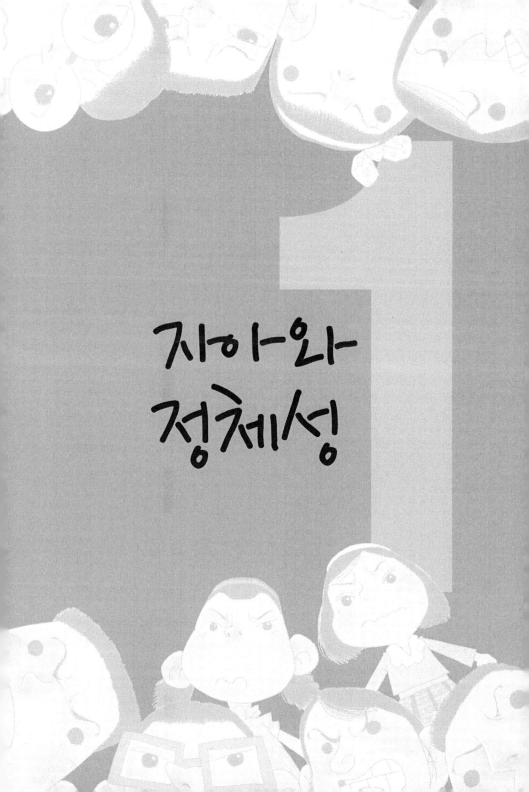

지아와
정체성

어떤 '내'가
진짜 '나'일까?

1925년, 금강산 신계사에 한 엿장수가 중이 되겠다고 찾아왔다.
그는 평안도 양덕에서 태어나 평양 고등 보통학교를 거쳐 일본 와
세다 대학교 법학부를 졸업하고 조선인 최초로 일제의 판사가 된
이찬형이다. 판사로서 권력과 부를 누리며 남부럽지 않게 살던 그
가 자식들까지 버리면서 중이 되려고 한 까닭은 무엇일까?

1919년 3 · 1 운동이 일어났을 때, 수많은 사람들이 조국의 독
립을 위해 몸을 던졌다. 하지만 일제의 판사였던 이찬형은 독립투
사에게 사형을 선고해야만 했다.
'왜 나는 같은 민족에게 사형을 선고할 수밖에 없었을까? 그것도
나라를 위해 만세를 불렀을 뿐인 사람들한테…….'

나는 왜 이렇게 사는가?
어떻게 사는 것이 바른 삶인가?

이 일로 이찬형은 깊이 고뇌하고 방황한다. 결국 그는 양심의 가책을 이기지 못하여, 출장을 간다고 둘러대고 집을 뛰쳐나갔다. 판사직을 던져 버렸고, 가족도 버렸다. 그는 엿판을 등에 메고 전국을 떠돌았다. 그렇게 헤매기를 3년, 자신의 과오를 뉘우치고 새사람이 되기 위해 신계사를 찾은 서른여덟 살의 엿장수, 그가 바로 뒤에 조계종의 초대 종정(宗正)이 된 효봉 스님이다. 서른여덟이라는 늦은 나이에 머리를 깎은 스님은 무섭게 정진하였는데, 엉덩이의 살이 헐고 진물이 나서 방석에 들러붙을 정도였다고 한다. 처절한 수행의 결과였다.

판사 이찬형과 엿장수 이찬형, 조계종 종정 효봉, 이 중에서 진짜 이찬형은 누구인가? 물론 판사 이찬형과 엿장수 이찬형, 조계종 종정 효봉은 생물학적으로 보면 같은 DNA를 가진 동일한 인물이다. 하지만 심리적인 면이나 인격적인 면에서 세 사람은 같다고 할 수 없다. 세 사람에 대한 세상의 평가도 다르다. 판사 이찬형에게 사형 언도를 받은 사람과 그 가족들은 이찬형을 증오했을 것이고, 조계종 종정 효봉은 많은 사람들이 우러러보았을 것이다. 어떻게 똑같은 사람에 대한 세상의 평가가 이토록 판이하게 달라질 수 있을까? 그러나 이런 일은 우리 주위에서 흔하게 볼 수 있다.

생각해 보라. 어떤 사람에 대한 평가는 그를 지켜보는 사람마다 다를 수밖에 없지 않겠는가. 문제는 그 셋 중에서 누구를 '진짜 이찬형'이라고 할 수 있느냐는 것이다. 물론 "진짜 이찬형을 따지는 게 무슨 의미가 있어? 그 셋 모두가 이찬형이지."라고 반문할 수도 있을 것이다.

엄밀하게 말하면 어제의 나와 오늘의 나는 같지 않다. 아침의 나와 저녁의 나도 같지 않다. 유치원 시절의 나와 지금의 나는 키와 외모, 몸무게뿐만 아니라 지식의 정도에서도 큰 차이가 난다. 10년 전의 나와 지금의 나 또한 현격하게 다르다. 이처럼 시간의 흐름에 따라 달라졌음에도 우리는 그 둘을 '같은 존재'로 인식한다. 바로 이렇게 인식되는 존재를 '자아identity'라고 할 수 있다.

대체 어떤 논리적 근거로 그 둘을 같은 존재로 볼 수 있을까? 10년 전의 나와 현재의 나는 심리적으로나 물리적으로 많은 변화를 겪었다. 그런데도 그 둘을 같은 존재로 규정할 수 있는 근거는 무엇인가?

이를 고민한 사람은 영국의 철학자 로크였다. 로크는 뚜렷한 육체적 변화가 있더라도 자기가 스스로 자기임을 의식하는 한, 자기 자신을 확인할 수 있다고 믿었다. 10년 전의 나는 몸무게가 19킬로그램에 불과했는데 지금은 그 세 배가 넘는 60킬로그램이라고 할지라도 그 둘을 자기라고 의식하는 한, 자기 자신을 확인할 수 있다는 것이 로크의 주장이다.

그러나 세상을 살다 보면, 수많은 '나' 중에서 어떤 '나'는 '나'라고 할 수 있지만, 어떤 '나'는 '나'라고 인정하고 싶지 않을 때가 있다. 마치 이찬형이 동포들을 사형으로 몰아간 '판사 이찬형'을 자신으로 인정하고 싶지 않았듯이 말이다. '대체 내가 그때 왜 그랬을까?'라는 생각이 들 때, 우리는 그때의 나를 우리의 기억 속에서 영원히 지워 버리고 싶은 것이다.

현실의 나는 '지질이'일 수 있다. 남들 앞에 나서면 얼굴이 벌게지고 목소리가 떨리고 말문이 막혀 자신의 생각 하나 제대로 펴지 못하는 한심한 인간일 수 있다.

이 글을 쓰고 있는 필자도 그랬다. 학창 시절, 친구들 앞에 서면 말도 제대로 못하고 우물쭈물하다 자리에 앉기 일쑤였다. 학예회 때 사회를 보라는 담임 선생님의 말씀에 밤새 원고를 작성하여 외웠는데 교실 앞으로 나가니 그 내용이 일시에 날아가 버려 머릿속이 하얀 백지가 된 적도 있었다. 하지만 나는 그런 '소극적인 나'를 인정하고 싶지 않았다. 내가 꿈꾸던 '용기 있고, 대범한 나'를 '진정한 나'라고 믿고 싶었다.

나는 변화의 중심에서
변화를 만드는 존재다

열심히 공부해서 자신을 판사로 만든 존재도 이찬형이고, 동족에게 사형을 언도한 존재도 이찬형이다. 또 판사에서 엿장수로 신분을 변화시킨 존재도 이찬형이고, 엿장수에서 조계종 종정으로 탈바꿈시킨 존재도 이찬형이다. 이렇게 이찬형이라는 자아는 자신을 바꿔 갈 수 있는 존재, 자신을 변화시킬 수 있는 존재, 즉 변화의 주체다. 다시 말하면, 자아란 변화의 중심에서 변화를 만들어 가는 존재라고 할 수 있다.

도토리가 도토리에 머물러 있으면 한낱 도토리에 불과할 뿐이다. 그러나 어떤 도토리는 자기 자신을 부정하고 새로운 삶을 꿈꾼다. 마치 판사 이찬형이 자기 자신을 부정하고 새로운 존재로 거듭 태어났듯 말이다.

도토리가 자신을 부정하면 도토리에서는 작은 싹이 돋는다. 싹은 싹으로만 끝나지 않는다. 싹은 또다시 자기 자신을 부정한다. 만약 싹이 자신을 부정하지 않으면 싹은 싹에 머물러 있을 수밖에 없다. 마치 엿장수 이찬형이 자기 자신을 부정하지 않았다면 엿장수로 계속 머물러 있을 수밖에 없듯이 말이다. 이렇게 부정과 부정을 거듭하면서 도토리는 우람한 떡갈나무가 된다. 우람한 떡갈나무는 도토리가 자기 부정을 통해서 도달한 결과요 성취다. 이찬형이 끊임없이 자기 자신을 부정한 결과가 조계종 초대 종정인 효봉 스님인 것처럼 말이다.

이 글을 쓰고 있는 '나'는 이찬형처럼 치열하게 자신을 부정하지 못했다. 그렇다고 자기 자신을 변화시키려는 노력을 전혀 기울이지 않았다는 것은 아니다. 하지만 변화의 노력이 치열하지 않았기 때문에 성격이 크게 바뀌지는 않았음을 고백할 수밖에 없다. 필자는 나를 치열하게 부정하지 못한 대신 나의 성격에 맞는 것은 무엇일까를 찾는 데 고심했다. 그 결과 책 읽기 · 글쓰기 · 달리기가 내 성격에 맞는 것임을 알았다. 이 세 가지를 할 때는 누구에게 간섭받을 일도 없었고, 얼굴이 벌게질 이유도 없었다. 어쨌든 나는 나를 180도 바꾸지는 못했다. 단지 내 성격에 맞는 일을 찾았을 뿐이다.

반면, 이찬형은 자신을 바꿀 수 있는 역동적인 힘을 가진 사람이었다. 그렇다면 자신을 바꿀 수 있는 힘은 어디에서 나오는 것일까? 판사 이찬형은 동포들에게 사형 선고를 내리고 고민했다. 나라를 위해 대한 독립 만세를 외친 사람들에게 과연 사형 선고를 내린 '나'의 행위는 정당한가? 왜 나라를 위해 헌신한 사람들은 죽음을 맞아야 하고, 그들을 죽음에 이르게 만든 '나'는 판사라는 명예를 누려야 하는가? 자신의 삶에 대한 치열한 반성, 뼈를 깎는 후회의 시간들, 바로 그것이 없었다면 이찬형의 자기 부정, 즉 변화는 없었을 것이다.

이찬형에게 있어서 변화는 반성의 결과였다. 나는 왜 이렇게 사는가? 어떻게 사는 것이 바른 삶인가? 수많은 물음표와 마주하는 시간이 곧 반성의 시간이다. 그 시간의 깊이가 새로운 이찬형을 만들어 가는 변화의 에너지가 될 수 있었던 것이다.

구두쇠가 어떻게
자선가가 될 수 있었을까?

찰스 디킨스가 쓴 소설 『크리스마스 캐럴』 이야기를 해 보자.

주인공인 스크루지는 친구 말리와 함께 오랫동안 장사를 했다. 그러다 말리가 죽었는데, 스크루지는 친구의 장례식 날에도 장사를 그만두지 않았다. 그는 빈틈없는 구두쇠에 사교성마저 없는 사람이었다. 아무도 스크루지에게 말을 걸지 않았고, 심지어 거지조차 그의 동정을 바라지 않았다.

크리스마스 전날 밤, 날씨가 몹시 추웠지만 구두쇠인 스크루지는 불을 피울 생각조차 하지 않는다. 조카가 크리스마스를 축하한다고 찾아와도 냉랭하게 대한다. 그는 조카의 초대도 물리친다. 기부를 요청하는 두 신사도 박정하게 내쫓는다. 스크루지는 단골 식당에서 저녁을 먹고 다시 상점에 들렀다가 집으로 돌아간다. 그 집은 죽은 친구인 말리가 살았던 곳이다. 스

현재의 '내'가 '나'의 전부는 아니다.
나는 나를 바꿔 갈 수 있는 능력이 있다.

크루지가 문을 열려고 열쇠 구멍에 열쇠를 꽂자, 손잡이가 갑자기 누르스름하고 무서운 말리의 얼굴로 변한다. 지하실 문이 '쾅' 하고 울리더니, 쇠사슬을 끄는 사람이 계단을 올라와 방문 쪽으로 곧장 걸어온다. 말리의 유령이다.

말리는 욕심의 포로가 되면 인생의 진리를 놓친다고 말하면서, 이웃을 사랑하는 일이야말로 가치 있는 것이라며 앞으로 세 사람의 유령이 나타날 것이라고 말한다. 그리고 그 유령의 말을 듣지 않으면, 자신처럼 쇠사슬을 끌고 다니는 형벌을 받게 된다고 알려 준다.

말리의 말대로 첫 번째 유령이 나타난다. 너의 행복을 위해, 네 마음을 고쳐 주기 위해 왔다면서 유령은 스크루지와 함께 가자고 한다. 둘은 스크루지의 과거로 떠난다. 그곳에서 스크루지는 어린 시절 가난했던 자신의 모습을 본다. 그리고 자신이 점원으로 일하던 때, 주인들이 얼마나 자신을 매정하게 대했는지를 본다. 인정

23

없는 주인의 모습이 곧 현재 자신의 모습과 다르지 않음을 알고 놀란다.

스크루지는 두 번째 유령과도 만난다. 유령의 손에 이끌린 스크루지는 자신의 밑에서 일하는 사무원의 집으로 가서 그 가정을 축복해 준다. 그러자 사무원도 스크루지를 축복해 준다. 유령은 다시 스크루지를 조카의 집으로 데려간다. 스크루지가 온 걸 모르는 조카는 스크루지 아저씨가 원하든 원하지 않든 해마다 크리스마스에 아저씨를 초대할 생각이라고 말한다. 이 모습을 보면서 스크루지의 마음은 따뜻해진다.

유령과 스크루지는 다시 여행을 계속한다. 그 여행에서 스크루지는 유령이 환자 옆에 가면 신기하게도 병이 낫는 모습을 보고, 괴로워하는 사람들 곁에 가면 그들이 희망을 갖는 모습을 보고, 가난한 사람들 곁에 가면 풍족한 마음이 되는 모습을 본다.

그는 또 미래의 유령과도 만나게 된다. 유령은 스크루지 영감의 죽음을 보여 준다. 평소에 구두쇠로 살아왔던 탓인지 그의 죽음은 너무도 쓸쓸하다. 심지어 스크루지의 묘지에서 물건을 훔쳐 가는 사람마저 있다.

'아, 이렇게 살면 안 되겠구나.'

스크루지는 변화를 결심한다. 현실로 돌아온 스크루지는 큰 칠면조를 사서, 이름을 밝히지 않고 직원에게 보낸다. 수염도 말끔히 깎고, 단정한 옷을 입고 거리로 나선다. 스크루지는 싱글벙글 웃으며 걸어간다. 그는 평소에는 꿈조차 꾸지 않았던 기부금을 내고, 오후에는 조카의 집을 찾아가기도 한다.

이튿날 아침, 스크루지는 직원의 월급을 올려 주고, 사무실에 불을 피우게 한다. 마음이 바뀌면 환경도 변하는 법. 스크루지가 있는 곳은 음침한 곳에서 밝고 따스한 곳으로 바뀐다.

성질 고약한 구두쇠 스크루지와 마음 따뜻한 스크루지 중에서 어느 쪽이 더 사람다운 스크루지라고 생각하는가? 당연히 후자다. 그러나 세 명의 유령이 없었다면 스크루지의 변화는 없었을 것이다. 세 명의 유령은 스크루지에게 그의 과거와 현재와 미래의 모습을 보여 주었고, 그 과정에서 스크루지는 변화했다.

현재는 과거의 결과다. 어렵게 살던 스크루지는 어떻게 해서든 부자가 되겠다고 결심했을 것이다. 바로 그 결심이 구두쇠인 자신을 만들었고, 미래를 통해 본 자신의 죽음은 쓸쓸하고 비참했다. 그 모습을 보면서 스크루지는 생각했다.

'현재를 바꾸지 않으면 안 되겠구나. 더 이상 지금처럼 살아서는 안 되겠구나.'

스스로 변화를 결심하고, 그 결심을 실천으로 옮긴 것이다. 판사 이찬형이 엿장수가 되기를 결심하고, 엿장수 이찬형이 스스로를 변화시켜 결국 조계종 초대 종정이 되듯이 말이다. 결심과 실천을 통하여 인간은 이렇게 자신을 변화시켜 간다.

스크루지는 유령과의 만남을 통해서 자기 자신의 과거와 현재와 미래의 모습을 보았다. 내가 왜 구두쇠가 되었으며, 구두쇠로 산다면 나의 미래가 어떨지를 분명하게 보았다. 그 과정이 곧 반성의 과정이다. 유령과의 만남은 반성의 과정을 상징한다. 그 만남을 통해서, 즉 치열한 반성을 통해서 스크루지는 새로운 자기 자신을 만들 수 있었다. 이렇게 반성을 통해서 새로운 자기 자신을 만들어 가는 존재가 나를 창조하는 진정한 '내'가 아닐까?

우리는 이렇게 말할 수 있다. 현재의 '내'가 '나'의 전부는 아니다. 나는 나를 바꿔 갈 수 있는 능력이 있다. 현재의 내가 게으르고 옹졸하다 할지라도 스스로의 노력을 통해 얼마든지 새로운 나를 만들어 갈 수 있는 가능성이 있다. 바로 그 가능성이 나의 희망이다.

내 안의 나,
내 밖의 나,
나는 누구인가?

마음만으로는 현재의 '자신'을 바꿀 수 없다. 게으른 사람이 어느 날 갑자기 부지런한 사람이 되기는 쉽지 않다. 소극적인 사람이 결심을 한다고 해서 갑자기 적극적인 사람으로 바뀌는 것도 아니다. 누구나 변화를 결심해 보지만 '작심삼일(作心三日)'이라는 말이 있듯, 대개 결심은 그 끝이 흐지부지되기 마련이다.

자기 자신을 부단히 바꾸려고 한 시인이 있었다. 보다 적극적으로 행동하고 싶었고, 실천하고 싶었다. 자신의 양심에 따라 살고 싶었다. 그러나 양심에 따라 사는 것이 얼마나 힘든 것인지, 그는 나약한 자기 자신을 원망하기도 했다. 그의 심성은 풀잎처럼 나약했다. 그리고 순결했다. 그렇기 때문에 그는 늘 죄책감을 안고 살았다. '왜 나는 나의 양심대로 살지 못하는가.' 그는 끊임없이 괴로워했다.

시인 윤동주! 그의 시, 〈쉽게 씌어진 시〉를 읽어 보자.

창밖에 밤비가 속살거려
육첩방(六疊房)은 남의 나라,
시인이란 슬픈 천명(天命)인 줄 알면서도
한 줄 시를 적어 볼까
땀내와 사랑 내 포근히 품긴
보내 주신 학비 봉투를 받아
대학 노―트를 끼고
늙은 교수의 강의를 들으러 간다

생각해 보면 어린 때 동무들
하나, 둘, 죄다 잃어버리고
나는 무얼 바라
나는 다만, 홀로 침전(沈澱)하는 것일까?

인생은 살기 어렵다는데
시가 이렇게 쉽게 씌어지는 것은
부끄러운 일이다
육첩방은 남의 나라
창밖에 밤비가 속살거리는데,

등불을 밝혀 어둠을 조금 내몰고
시대처럼 올 아침을 기다리는 최후의 나,
나는 나에게 작은 손을 내밀어
눈물과 위안으로 잡는 최초의 악수

왜 제목이 〈쉽게 씌어진 시〉일까? 시인이 이 시를 쓴 시대, 일제 강점기가 어떤 시대였던가를 먼저 생각해 보자. 이 작품은 윤동주가 일본 유학 중에 쓴 시다.

윤동주는 1942년 일본으로 유학해 도쿄에 있는 릿쿄 대학 영문과에 입학했다가 교토의 도시샤 대학 영문과로 옮겼다. 동경 유학생으로서 그는 만주 용정에 있는 부모로부터 '땀내와 사랑 내 포근히 품긴' 학비를 받아서 공부했다. 당시에는 많은 사람들이 독립운동을 하다가 일본 경찰에 잡혀 들어가 고문을 당하고, 심지어는 죽기까지 했다.

윤동주는 어땠는가? 그는 부모가 보내 주는 돈으로 편안하게 공부하고 있었다. 게다가 일본 유학을 위해 이른바 '창씨개명(創氏改名)'까지 했다. '윤동주(尹東柱)'에서 '히라누마 도오슈(平沼東柱)'로.

그 때문에 윤동주는 괴로워했다. 왜 나는 나약한 존재로 살아갈까 하는 것이 윤동주의 고민이었을지도 모른다. 그 고민은 그가 기독교 신앙을 가졌다는 사실과 무관하지 않다. 그는 성경 속의 선지자들처럼 진실을 말하고, 그 진실을 위해 기꺼이 자신을 희생하고 싶었을 것이다. 그러나 자신을 희생한다는 것은 말처럼 쉽지가 않았다. 당시 독립운동을 하다 일본 경찰에 잡히면 손톱과 발톱이 뽑히는 고문을 당하는 이도 있었다. 창씨개명을 거부하는 이는 배급도 주지 않았고, 심지어는 징용 대상이 되기도 했다. 일본의 식민지배가 극악해질수록 윤동주의 갈등도 골이 깊어 갔다. 양심대로 살라고 종용하는 '양심의 나'와 '현실의 나' 사이에 이는 갈등이 끊임없이 윤동주를 괴롭혔을 것이다.

이런 갈등은 윤동주만 겪는 것이 아니다. 나의 양심은 이렇게 살라고 말하는데 현실의 나는 저렇게 행동하지 않던. 그때 우리는 갈등을 느낀다.

'왜 나는 나의 양심대로 살지 않는가?'

윤동주의 갈등도 그런 것이었다. 양심대로 살기를 명령하는 '마음속의 나'와 '현실의 내'가 부딪쳤던 것이다.

이상대로 살지 못하는 것, 그것이 윤동주가 느낀 갈등의 출발점이다. '양심의 내'가 명령하는 대로 '현실의 내'가 살아 주었더라면 갈등은 없었을 것이다. '양심의 나'와 '현실의 나'와의 괴리, 그 벌어진 틈이 윤동주를 갈등하게 했다. 그러나 그는 그 갈등을 덮어 버리지 않았다. 그는 끊임없이 부끄러워했다. 그것은 그가 순결한 마음의 소유자였기 때문이었을지 모른다. 많은 사람들은 적당히 그 갈등을 덮어 버린다. '내가 왜 그런 문제로 괴로워해야 해.'라고 생각

마음속에서 양심과 행동의 괴리를
느끼는 순간, 과연 '나'는 누구인가?

하면서 갈등을 끝내 지워 버린다. 그러나 윤동주는 그 갈등의 시간
을 시로 썼다. 그의 시는 갈등의 깊이를 여실하게 보여 준다.

'등불을 밝혀 어둠을 조곰 내몰고/시대처럼 올 아침을 기다리는
최후의 나,/나는 나에게 작은 손을 내밀어/눈물과 위안으로 잡는
최초의 악수'라는 구절을 보자.

대체 '최후의 나'는 누구인가? 그것은 '아직 오지 않은 나'이며 '미
래의 나'다. 판사 이찬형에게는 조계종 종정 효봉이 '미래의 나'이
고, 구두쇠 스크루지에게는 자선가 스크루지가 '미래의 나'이다. 윤
동주도 그 미래의 자신과 만나기를 꿈꾸었다. 그러나 그 미래의 나
와 만나기 위해서는 나약한 자기 자신을 버려야 했다. 하지만 그의
현실은 어땠는가. 부모로부터 학비를 받아서 '대학 노-트를 끼고/

늙은 교수의 강의를 들으러' 가고 있지 않은가? 남들은 힘들게 사는데 왜 나만 편하게 사는 것인지 자신을 질책했다. 그는 부끄러웠다. 그러면서도 미래의 나와 만나서 '나에게 작은 손을 내밀어' 악수하고 싶었다. 현실의 나를 부정하고 새로운 나로 도약하고 싶었다.

'악수'란 나 자신과의 만남을 의미한다. 내 생각은 이런데, 행동은 생각과 반대 방향으로 엇나가는 경험을 해 본 적이 없는가? 이러지 말아야 하는데 생각하면서도 몸은 생각의 반대 방향으로 가고 있는 경우 말이다. 바로 이런 것이 나 자신으로부터 내가 계속 멀어지는 상황, 즉 양심과 행동의 괴리(乖離)다. 양심과 행동의 괴리? 내 마음은 자신이 그렇게 나쁜 사람이 아니라고 생각하는데, 내 행동은 내 마음속 나의 기대와는 다르게 행동할 때가 바로 이런 괴리를 경험하는 순간이다.

마음속에서 양심과 행동의 괴리를 느끼는 순간, 과연 '나'는 누구인가? 양심대로 살라고 명령하는 '내 마음속의 나'인가, 아니면 현실에서 무기력하게 '행동하는 나'인가? '내 안의 나'인가, 아니면 '내 밖의 나'인가?

'내 마음속의 나', '양심대로 살고 싶어 하는 나'의 명령대로 살지 않으면, '양심의 나'와 '현실의 내'가 일치하지 않으면, 즉 나와 내가 악수하지 않으면 마음에는 그림자가 생기고 갈등이 생긴다. 윤동주는 그 '양심의 나'와 '현실의 나'를 끊임없이 일치시키려고 고민했다. 판사 이찬형이 동족을 사형장으로 보내고 괴로워했듯이 말이다. 그

괴로움은 자신을 변화시켜 가는 과정이었다. 도토리가 떡갈나무로 변신하는 과정에 비유할 수도 있겠다.

윤동주의 다른 시, 〈십자가〉를 보자.

쫓아오던 햇빛인데
지금 교회당 꼭대기
십자가에 걸리었습니다

첨탑이 저렇게도 높은데
어떻게 올라갈 수 있을까요

종소리도 들려오지 않는데
휘파람이나 불며 서성거리다가

괴로웠던 사나이
행복한 예수 그리스도에게처럼
십자가가 허락된다면
모가지를 드리우고
꽃처럼 피어나는 피를
어두워 가는 하늘 밑에
조용히 흘리겠습니다

이 시를 보면 그는 십자가에 매달린 예수처럼 살고 싶어 했음을 알 수 있다. 가시 면류관을 쓰고 피를 흘리고 있는 예수를 보라. 예수는 괴로웠다. 그러나 그는 행복했다. 왜? 양심대로 살았고, 종교적 이상대로 살았기 때문이다. 바로 그 예수를 닮고 싶었던 것이 윤동주의 마음이었다.

그러나 현실은 어땠는가? '쫓아오던 햇빛인데/지금 교회당 꼭대기/십자가에 걸리었습니다//첨탑이 저렇게도 높은데/어떻게 올라갈 수 있을까요'라는 구절에서 알 수 있듯 종교적 이상, 즉 '첨탑'은 아득하게만 보였다. 그러나 그는 종교적 이상에 도달하고자 하는 바람과 희망만은 포기하지 않았다. 언젠가는 현재의 나약함을 극복하고 더 이상 부끄러워하지 않아도 좋을 미래를 꿈꾸었다.

〈별 헤는 밤〉에서 윤동주는 다시 이렇게 쓰고 있다.

딴은 밤을 새워 우는 벌레는
부끄러운 이름을 슬퍼하는 까닭입니다

그러나 겨울이 지나고
나의 별에도 봄이 오면
무덤 위에 파란 잔디가 피어나듯이
내 이름 자 묻힌 언덕 위에도
자랑처럼 풀이 무성할 게외다

지금은 부끄럽지만 미래의 내 무덤에는 '자랑처럼 풀이 무성할' 것이라고 그는 말하고 있다. 스크루지가 유령과의 만남에서 본 죽음은 비참하고 부끄러운 것이었지만, 더 이상 그런 부끄러운 죽음을 맞이해선 안 된다는 생각이 그를 변화시켰듯이 윤동주 또한 자신의 죽음이 부끄러운 죽음이 되지 않을 것이라고 확신하고 있다. 나는 자랑스러운 죽음을 맞이할 것이란 생각, 바로 이것이 자기애(自己愛), 자기에 대한 사랑이다.

이찬형이 판사에서 엿장수로 삶의 행로를 바꾸었다고 해서 이찬형에게 왜 인생을 아무렇게나 사느냐고 할 수는 없다. 왜? 그는 자기를 사랑하는 자기애(自己愛)의 존재였기 때문이다. 자기애는 현재의 자신을 변명하거나 현재의 나를 변호하는 그런 현재 중심적인 사랑이 아니다. 오히려 윤동주처럼 자신의 현재를 반성하고 부끄러워하는 존재의 각성에서 비롯된다. '이 정도면 되었어.'라고 생각하면서 적당한 선에서 반성하기를 그치는 것이 아니라, 좀 더 '탐스러운 나'를 찾아가는 과정, 미래 지향적인 과정이라고 할 수 있다.

윤동주는 또 〈참회록〉이라는 시에서 이렇게 쓰고 있다.

내일이나 모레나 그 어느 즐거운 날에
나는 또 한 줄의 참회록을 써야 한다
그때 그 젊은 나이에
왜 그런 부끄러운 고백을 했던가

밤이면 밤마다 나의 거울을
손바닥으로 발바닥으로 닦아 보자

'즐거운 날'은 내가 나와 악수하는 날이다. 보다 이상적인 나, 보다 탐스러운 나를 만나는 날이다. '양심의 내'가 '현실의 나'와 하나가 되는 날이다. 바로 그런 날에 윤동주는 또 한 줄의 참회록을 쓰겠다고 한다. '그때 그 젊은 나이에/왜 그런 부끄러운 고백을 했던가.'라고.

공주병과 왕자병은
어디에 원인이 있는 것일까?

내 기억으로는 초등학교 때보다 중학교나 고등학교 때 더 자주 거울을 들여다보았던 것 같다. 거울을 들여다보며 타인에게 내가 가장 멋지게 보일 수 있는 소위 '얼짱 각도'에 대해서도 궁리를 했던 기억이 있다. 어떤 포즈를 취해야 남들이 나를 근사하게 봐 줄까 하는 생각은 나만의 것은 아니었던 것 같다. 요즘은 휴대 전화의 카메라와 디지털카메라로 자신의 얼굴이나 모습을 사진에 담기가 쉬워졌다. 그래서인지 인터넷에는 소위 '셀카'가 범람하고 있다. 많은 사람들이, 그것도 청소년들이 '셀카'에 자신의 모습을 담아서 공개하는 이유는 뭘까?

거울을 들여다보는 이유는 타인의 눈에 내 모습이 어떻게 비칠 것인가를 살펴보기 위함이다. 왜 사춘기가 되면 거울 앞에서 보내는 시간이 많아질까? 그것은 타인, 그것도 이성(異性)에 대한 관심이 많아져서이다.

'나는 이성의 눈에 과연 매력적인 존재일 수 있을까.'

이것이 사춘기에 접어든 청소년들의 최대 관심사라고 해도 과언이 아니다. 내 모습이 내 눈에만 멋지게 보여서는 안 된다. 남의 눈에도 멋지게 보여야 한다는 생각 때문에 친구들에게 나의 스타일이 어떤지 질문을 던지기도 한다. 그때 친구들이 어떤 식의 반응을 보이든 "나는 내 스타일에 만족해."라고 말하는 사람이 있다면 친구들은 그를 '공주병'이니 '왕자병'이니 하는 말로 놀려 댄다. 공주병이나 왕자병을 가진 친구들은 자신을 객관화시킬 수 있는 능력이 모자란다.

여기서 말하는 '객관화'란 남들이 나를 어떻게 보고 있는지를 알수 있는 능력을 말한다. 객관화 능력이 뛰어난 사람들은 쉽게 자기도취에 빠지지 않는다. 자기도취란 자기의 판단을 지나칠 정도로 믿는 성향을 의미한다. 자기도취에 빠진 사람들은 자신의 의식과 판단을 의심하지 않는다. 이런 사람들을 흔히 자기도취자, 혹은 나르시시스트라고 한다. 미술 시간에 엉터리 그림을 그리고는 넋을놓고 바라보면서 '명작이야.'라고 생각하는 친구들이 이런 부류에속하는 사람들이라고 할 수 있다. 한마디로 자신을 제대로 볼 줄 모르는 친구들이다.

자기도취자들만 자신의 성과물에 만족하는 것이 아니다. 평범한 사람들도 이런 일을 곧잘 한다. 나도 고등학교 때 그런 학생이었다. 밤늦게까지 시를 쓰고 나서 잠들기 전에 그 시를 읽어 보면 참으로 멋진 시를 썼다는 자부심에 잠조차 설쳤던 기억이 있다. 그런데 밤늦게까지 썼던 대부분의 시들은 사실 따지고 보면 대단한 것이 아니었다. 아침에 일어나서 다시 읽어 보면, 왜 그렇게 촌스럽고 어색한지 나의 감상과 표현의 치졸함에 스스로 부끄러운 적이 한두 번이 아니었다. 심지어는 아침에 일어나 다시 읽어 봐도 내 딴엔 좋은 시라고 생각되는 것들이 있기는 했지만, 막상 누군가에게 그 시를 읽어 보라고 내미는 순간 나의 시가 매우 부끄럽게 생각됐던 적도 있었다. 시 쓰기에 매몰되어 있을 때, 시 속에 빠져 있을 때는 나를 객관화하기가 어려웠다.

밤은 시 속에 빠져 시에서 허우적거리던 시간이었다. 바로 그 시간에는 나를 바로 보기가 어려웠던 것이다. 한잠 자고 일어나 어느 정도 시간의 '거리'를 두었을 때, 비로소 나의 작품을 제대로 볼 수 있는 객관적인 눈이 생긴 것이다. '객관화'를 위해서는 바로 이런 '거리'가 필요하다.

사람을 사귈 때도 마찬가지다. 어떤 친구와 급속히 친해지는 심리적인 경험을 할 때, 그 친구의 단점 같은 것은 보이지 않는다. 심지어는 그 친구의 단점까지도 멋지게 보인다. 그 친구가 이성 친구라면 그 정도가 더 심해진다. 이런 경우를 '눈에 콩깍지가 씌었다.'라고 한다. 눈에 콩깍지가 씌이면 한마디로 보이는 게 없다. 보아도 제대로 볼 수가 없다. 이럴 때 필요한 것이 '거리'다. 상황을 객관적으로 바라볼 수 있는 심리적 능력 말이다.

거리엔 시간적 거리도 있고 공간적 거리도 있다. 시간의 거리를 두고 바라보면 똑같은 사물도 다르게 보인다. 밤에 쓴 시를 밤에 볼 때와 이튿날 아침에 볼 때 다른 것은 바로 이 시간적 거리 때문이다. 대한민국 안에서 대한민국을 볼 때와 대한민국 바깥에서 대한민국을 볼 때가 다른 것은 시간적 거리 때문이기도 하고, 공간적 거리 때문이기도 하다. 다르게 본다는 것은 시간과 공간을 달리하여 다른 위치에서 본다는 것을 의미한다.

그런데 자기도취자들은 사물이나 삶을 다르게 보는 능력이 부족한 경우가 많다. 그들은 자신이 틀렸을 수도 있다는 사실을 모른다. 다르게 보는 능력이 부족하다는 것은 자기만의 위치에서 사물과 삶을 바라본다는 뜻이다. 왕자병이나 공주병에 걸린 사람들의 특징이 바로 이런 자기중심성이다. 그들은 자신의 스타일이 매우 촌스러울 수도 있다는 사실을 모른다. 그저 자신의 눈에 보이는 자신의 취향과 스타일에 만족한다. 아니, 만족하는 정도가 아니라 그것이 최고의 스타일이라고 고집한다.

거리를 두고 자신을 바라본다는 것은 결국 냉정하게 자신을 파악하는 일이다. 객관화란 일종의 거리 두기다. 거리 두기는 타인의 눈을 빌려 자신을 바라보는 것과 같다. 물론 타인의 눈을 빌려 나 자신을 바라본다고 해서 내가 타인이 될 수는 없다. 그러나 타인이라면 나를 과연 어떻게 바라볼까를 생각해 볼 수는 있다. 나의 기준으로 나를 바라보는 것이 아니라 타인의 기준으로 나를 바라보는 일, 이것이 반성이다.

윤동주의 시에 자주 등장하는 시어가 '거울'이다. 그는 자주 거울을 들여다보았다. 남의 눈에 나의 스타일이 괜찮아 보일까가 염려스러웠기 때문이 아니었다. 아름다운 자기 모습에 취하는 나르시시스트의 욕망을 충족시키기 위해서도 아니었다.

여기서 잠깐, '나르시시스트'와 관련하여 그리스 신화의 한 대목을 보고 가자.

나르키소스는 강의 신 케피소스와 님프 리리오페 사이에서 태어난 아들이다. 리리오페는 나르키소스를 낳자 테베의 예언자 테이레시아스에게 아들이 오래 살 것인지를 물었는데, 테이레시아스는 "자기 자신의 아름다움을 모르면 오래 살 것"이라고 대답하였다. 그 후 리리오페는 다른 요정들에게 아들의 눈에 거울이 띄지 않도록 할 것과, 그가 물가에 서면 수면을 어지럽게 하여 아들이 자신의 모습을 보지 못하게 할 것을 명령했다.

그런데 에코라는 요정이 나르키소스의 모습에 반했다. 에코는 목소리는 예뻤지만 조금 수다스러웠다. 어느 날, 남편 제우스가 바람을 피우는 것을 현장에서 잡으려고 서두르는 헤라를 붙들고 수다를 떠는 바람에 에코는 헤라의 분노를 사게 된다. 에코의 수다 때문에 불륜의 현장을 놓쳤다는 것이 헤라가 화가 난 이유였다. 헤라는 에코에게 저주를 내린다.

"너는 남의 말을 따라 할 수는 있지만, 먼저 말을 할 수는 없을 것

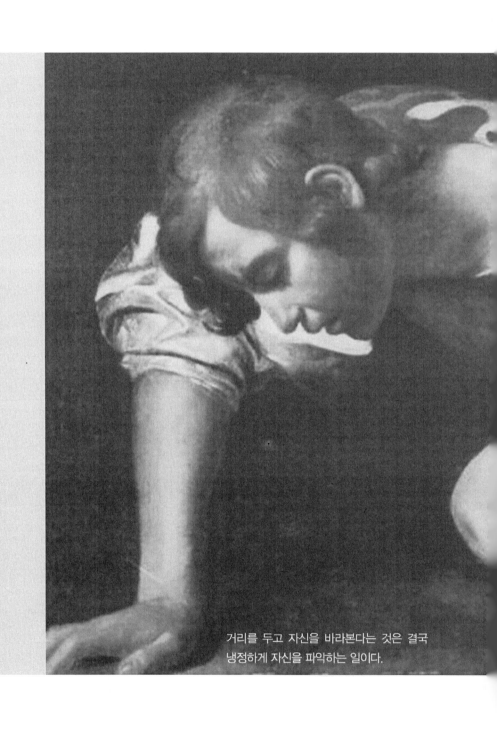

거리를 두고 자신을 바라본다는 것은 결국
냉정하게 자신을 파악하는 일이다.

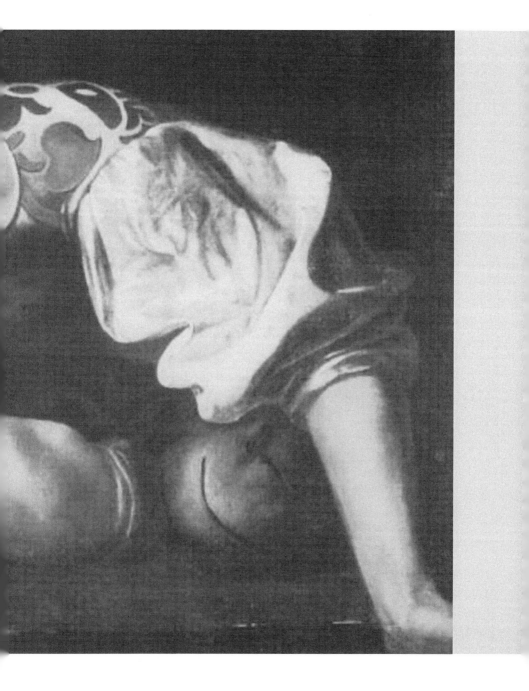

이다."

바로 이 저주 때문에 에코는 나르키소스에게 사랑을 고백하지 못한다. 어떤 날은 자신의 마음을 고백하기 위해 나르키소스를 끌어안아 보았으나 면전에서 심한 면박만을 듣는다. 그 후 부끄러움 때문에 에코는 산속으로 들어가 숨어 살게 된다. 에코의 살은 사랑의 아픔 때문에 녹아 버리고 뼈는 바위로 굳게 된다.

*에코의 형체는 사라지고 그의 목소리만 남았기 때문에 지금도 산에 올라가 '야호' 하고 소리치면 에코의 대답 소리를 들을 수 있다. 이것이 바로 메아리echo다. 그 소리를 들으면서, 에코는 대답만 할 수 있도록 헤라의 저주를 받은 요정임을 상기해 보자.

한편, 나르키소스에게 사랑을 거절당한 이들이 나르키소스 역시 똑같은 사랑의 고통을 겪게 해 달라고 빌자 복수의 여신 네메시스가 그러마고 답한다.

헬리콘 산에서 사냥을 하던 나르키소스는 목이 말라 샘으로 다가갔다가 물에 비친 자신의 아름다운 모습을 사랑하게 되어 한 발짝도 떠나지 못하고 샘만 들여다보게 되었다. 자신의 모습을 사랑하게 된 나르키소스, 이것이 네메시스의 저주였다.

결국 그는 자신의 아름다운 용모에 집착적인 사랑을 보이다 마침내 탈진하여 죽었다. 이렇게 죽음을 맞이한 나르키소스는 저승으로 가는 곳이라는 스틱스 강 위에서도 자신의 모습만을 들여다보았다고 한다. 그 후, 나르키소스가 죽은 자리에 한 떨기 아름다운 꽃,

수선화가 피었다.

정신 분석에서 자기에 대한 집착적인 사랑을 뜻하는 나르시시즘은 나르키소스의 이름에서 유래한 것이다. 나르시시즘은 신화 속의 나르키소스처럼 자신의 모습에 집착하는 태도를 말한다. 이렇게 자신의 모습에 집착하는 사람들을 나르시시스트 또는 자기도취자라고 한다.

그렇다면 윤동주는 어떤 사람이었을까? 그도 자기도취자였을까? 그의 시 〈자화상〉을 보자.

부끄러움을 안다는 것은
무엇을 의미할까?

산모퉁이를 돌아 논가 외딴 우물을 홀로 찾아가선
가만히 들여다봅니다.
우물 속에는 달이 밝고 구름이 흐르고
하늘이 펼치고 파아란 바람이 불고 가을이 있습니다

그리고 한 사나이가 있습니다.
어쩐지 그 사나이가 미워져 돌아갑니다.
돌아가다 생각하니 그 사나이가 가엾어집니다.
도로 가 들여다보니 사나이는 그대로 있습니다.
다시 그 사나이가 미워져 돌아갑니다.

돌아가다 생각하니 그 사내가 그리워집니다.

우물 속에는 달이 밝고 구름이 흐르고 하늘이 펼치고
파아란 바람이 불고 가을이 있고 추억처럼 사나이가 있습니다

윤동주가 자기도취자였다면, 신화 속의 나르키소스처럼 우물 속에 비친 자신의 모습을 사랑했을 것이다. 그러나 윤동주는 자신을 냉정하게 볼 수 있는 사람이었다. 그는 부끄러움, 즉 치욕을 아는 사람이었다.

치욕(恥辱)이란 단어에서 '恥'는 부끄러움이란 뜻이다. 글자의 구조를 보자. '이(耳)'는 '귀'이고 '심(心)'은 '마음'이다. 글자 그대로 풀이하자면 부끄러움[恥]은 귀로 듣고 느끼는 마음이다. 사람이라면 누구나 남들이 자신에 대해 나쁜 평가를 하면 화가 나기도 하고 부끄럽기도 하다. 이렇게 타인의 평가에 부끄러워할 줄 아는 마음이 '치욕'을 아는 것이다. 그러나 타인의 말을 듣지 않더라도 자신의 내면에서 들리는 소리, 즉 양심의 소리에 귀를 기울일 줄 아는 것이 진정으로 치욕을 아는 마음이다.

윤동주가 남긴 시들은 윤동주가 내면의 소리, 양심의 소리를 듣는 능력, 즉 내면의 청력이 매우 뛰어났음을 알려 준다. 그는 거울의 모습을 보면서 그 마음의 소리를 들었다.

'현재의 네 눈에 비친 너의 모습은 절대로 완벽하지 않아. 그 모습을 완전한 것으로 받아들여서는 안 돼.'

그것이 그의 마음에서 나오는 소리였다. 그 마음속 소리를 무엇

이라고 불러야 할까? 바로 양심이다. 양심은 우리의 안에 살아 있어서 우리를 감시하고, 잘못을 저지르려고 하는 순간 소리를 치기도 한다. "그래선 안 돼!" 그 마음의 소리가 양심의 소리다. 나르키소스나 도덕적 판단력이 둔한 사람들은 이 소리를 듣지 못한다. 듣더라도 무시해 버린다.

하지만 윤동주는 달랐다. 그는 '우물 속의 사나이', 즉 반성의 공간 속에 놓인 존재였고, '현재의 나'에 만족할 수 없는 존재였다. 아니 만족할 수 없는 정도가 아니라 현실에 편하게 안주하려는 자신이 미웠을 정도였다. 평범한 사람들도 반성의 공간 속에서 자신이 미워지는 경험을 해 본 적이 있을 것이다. '대체 나는 왜 이럴까.' 하고…….

자신이 미우면 자신을 꾸짖게 된다. 자신을 꾸짖는 행위가 곧 자책(自責)이다. '왜 그렇게 비겁하게 행동했을까? 왜 그렇게 한심하게 행동했을까?' 우리도 일상에서 이런 경험을 자주 하게 된다. 소심하고 나약한 사람일수록 자책의 골은 깊어진다. 또 양심대로, 신이 가르쳐 주는 말씀대로 살려고 하는 사람일수록 자책의 골은 깊어진다.

윤동주는 소심하고 나약했지만, 양심대로 살려고 했고 신이 가르쳐 주는 말씀대로 살려고 했던 사람이었다. 그런 그가 '우물 속의 사나이'를 기껍게 받아들일 수는 없었다. 나약한 자신이 미웠고, 자신의 양심이 명령하는 대로 실천하지 못하는 자기 자신이 미웠다.

그는 현재의 나를 사랑하는 사람, 자기도취자가 아니었다.

윤동주는 또한 자기 자신이 문득 가엾어지기도 했다. 대체 왜 자신을 가엾게 여겼을까? 이 자기 연민의 정체는 무엇일까?

동병상련(同病相憐)이란 말이 있다. 같은 병을 앓는 사람끼리 서로 가엾게 여긴다는 뜻이다. 동정(同情)이란 불쌍하게 여기는 마음이다. 아이가 아프면 엄마는 아이를 불쌍하게 여긴다. 바로 불쌍하게 여기는 마음이 동정이고 연민이다.

맹자(孟子)는 타인의 고통을 보고 불쌍하고 측은하게 여기는 마음, 즉 측은지심(惻隱之心)이 어짊[仁]의 시작이라고 말했다. 남의 고통을 간과하지 않는 마음이 인류애의 시작이고 도덕적 감정의 시초다. 타인이 고통을 당하든 말든, 타인의 고통에 대해서 꿈쩍도 하지 않는 마음이 소위 '사이코패스'의 마음임을 우리는 영화를 통해서나 직감을 통해서나 어렵지 않게 이해할 수 있다.

'공감(共感)'은 말 그대로 '같이[共]' '느낀다[感]'는 뜻이다. 남의 고통을 나의 고통으로 느끼는 마음이 공감(共感)하는 마음이다. 남을 불쌍하게 여기는 연민의 감정 역시 공감에 바탕을 두고 있다. 남의 아픔을 나의 아픔으로 느끼는 공감의 능력이 없는 한 연민은 느낄 수 없다. 윤동주는 연민의 시인이기도 했다.

그의 시, 〈서시〉를 보자.

죽는 날까지 하늘을 우러러

한 점 부끄럼이 없기를

잎새에 이는 바람에도

나는 괴로워했다

별을 노래하는 마음으로

모든 죽어 가는 것들을 사랑해야지

그리고 나한테 주어진 길을

걸어가야겠다

오늘 밤에도 별이 바람에 스치운다

'죽어 가는 것들'을 사랑하는 마음이 곧 연민이고 동정이다. '죽어 가는 것들' 앞에서도 태연한 마음을 가진 사람들이 사이코패스가 아니던가. 그는 '잎새에 이는 바람에도 괴로워했'던 섬세하고 나약한 심성의 소유자였다. '죽어 가는 것들'을 노래하는 마음은 죽어 가는 것들을 그대로 두지 않겠다고 하는 염원의 마음이다. '죽어 가는 것들'은 곧 일제 강점기 시대의 민중들이었을 것이다. 식민지 시대의 민중들의 삶과 그들이 겪었던 핍박과 고통은 굳이 언급하지 않아도 수많은 책과 영화를 통해서 잘 알고 있다.

윤동주는 그 시대 민중들의 삶을 외면하지 않았다. 〈쉽게 씌어진 시〉에서 '인생은 살기 어렵다는데/시가 이렇게 쉽게 씌어지는 것은/부끄러운 일이다'라고 말하지 않았던가. 그는 '땀내와 사랑 내 포근히 품긴/보내 주신 학비 봉투를 받아/대학 노트를 끼고/늙은 교수의 강의를 들으러 간다'는 사실이 부끄러웠던 사람이었으며, '괴로웠던 사나이/행복한 예수 그리스도에게처럼/십자가가 허락된다면/모가지를 드리우고/꽃처럼 피어나는 피를/어두워 가는 하늘 밑에/조용히 흘리'고 싶었던 사람이었다.

그는 나르키소스와 달랐다. 또한 '대학 노-트를 끼고/늙은 교수의 강의를 들으러' 가는 자신의 모습을 아름답게 본 자기도취자도 아니었다.

윤동주가 자기도취자는 아니었다고 할지라도 자기를 사랑하지 않은 사람이라고 할 수는 없다. 그는 식민지 시대의 민중을 사랑하듯 자기 자신도 사랑했던 사람이다. 〈자화상〉에서 우물 속의 사나이, 곧 자기 자신을 '가엾어'하고 '그리워'한다는 표현이 이를 말해 준다. 그가 가여워하고 그리워한 대상은 곧 자기 자신이기도 했다.

자기가 자기를 그리워한다? 이는 일반적인 표현은 아니다. 그리움의 대상은 상식적으로 내 옆에 없는 것이고, 우리가 그리워하는 것은 그리움의 대상이 내 옆에 없기 때문이다. 그런데 '나'는 항상 '내' 옆에 있다. 물도 없을 때 그리워하지 강가에서 물을 그리워하는 사람은 없다. '나'도 마찬가지다. 항상 내 옆에 내가 있는데 왜 내가 그립다는 말인가? 그리우려면 남편이 그립든지 아내가 그립든지 제 짝이 그리워야 마땅하지, 왜 자기 자신이 그립다는 말인가?

다음 이야기에서 확인해 보자.

약속을 지키는 것이
어떻게 자기를 사랑하는
행동이 될 수 있을까?

자기 자신에 대한 그리움, 자기 자신에 대한 사랑, 이것이 자기애(自己愛)다. 자기애(自己愛)를 웅변적으로 보여 주는 이가 있다. 키케로가 그의 책 『의무론』에서 극구 찬양해 마지않은 '레굴루스'다. 레굴루스를 말하려면, 기원전 264년부터 기원전 146년에 걸쳐 로마와 카르타고가 지중해의 지배권을 둘러싸고 벌인 다툼, 즉 '포에니 전쟁'의 한복판으로 거슬러 올라가야 한다.

포에니 전쟁에서 로마의 집정관인 마르쿠스 아틸리우스 레굴루스는 카르타고의 계략에 걸려 포로가 된다. 이때 레굴루스는 "나를 보내 주면, 우리에게 붙잡힌 당신들의 병사와 당신들에게 붙잡힌 우리 병사를 맞교환하자고 원로원을 설득하겠소. 그 후에 나는 다시 이곳으로 돌아오겠소."라고 제안한다.

이에 카르타고는 레굴루스를 로마로 보낸다. 하지만 레굴루스는 로마에 도착하자 딴소리를 한다.

"우리에게 잡힌 카르타고의 포로들은 젊고, 카르타고에 잡힌 우리의 포로들은 늙었기 때문에 우리가 전쟁에 이기려면 포로 교환을 하면 안 됩니다!"

전쟁의 승리를 바라던 로마의 원로원은 레굴루스의 말에 따라 포로 교환을 거절한다. 여기에서 이야기가 끝났다면, 키케로가 레굴루스를 찬양하지는 않았을 것이다. 원로원 사람이 말했다.

"레굴루스, 당신이 그들과 한 약속을 깼으니 카르타고로 돌아가면 죽을 것이오. 그러니 여기 남으시오."

그러자 레굴루스는 이렇게 답했다.

"아닙니다. 나는 우리의 승리를 위해서는 거짓을 말할 수 있지만, 나 자신에게는 그럴 수 없습니다."

비록 적과 한 약속이라도 함부로 저버릴 수 없다는 것이 레굴루스의 신념이었다. 그는 결국 카르타고로 돌아가 당당하게 죽음을 맞이한다.

레굴루스는 두 가지 의무에 충실했다. 전쟁을 승리로 이끌어야 한다는 집정관으로서의 의무와, 적과의 약속도 지켜야 한다는 양심의 의무, 그 모두를 지켜 냈다.

여기서 우리는 진정한 '자기애'란 무엇인지 생각해 볼 필요가 있다. 자기애란 자기의 목숨만을 부지하려는, 혹은 자신의 이익만을 좇는 이기주의와는 다르다. '이기주의자'는 '나'를 내 몸에 국한시키고, 내 생명에 국한시키지만 '자기를 사랑하는 사람'은 좀 더 차원이 높은 곳에서 자기를 규정한다. 내 몸과 내 생명만 소중히 여기는 것이 아니라, '이성과 양심의 명령에 따르는 나'로서 자기 자신을 규정한다.

채만식의 소설 『태평천하』에 등장하는 윤 직원은 부의 축적과 가문의 영달 외에는 관심이 없다. 식민지의 민초로 살아가며 고통받는 사람들도 안중에 없다. 오직 자기 자신의 이익에만 관심이 있다. 바로 이것이 자기애와는 다른 이기주의의 비열한 모습이다.

윤 직원에게는 윤동주와 같은 내면의 소리, 양심의 소리가 없다. 그 소리를 듣고 자신의 행동을 부끄러워할 줄 아는 '반성하는 내'가 없다. 치부(致富)만이 자신이 가야 할 길이라고 착각했던 것이다. 그 착각이 식민지의 현실을 '태평천하'라고 인식하게 했다. 착각은 착각을 낳기 마련이다. 독일의 심리학자이자 철학자인 에리히 프롬은 『사랑의 기술』이란 책에서 이렇게 말한다.

"이기적인 사람은 다른 사람의 욕구에 관심을 두지 않으며 타인의 존엄과 완전성에 대한 존경도 없다. 그는 자기 자신을 제외하고는 아무것도 볼 수 없다. 사람이나 사물을 유용성만으로 평가한다. 이러한 사람은 다른 누군가를 사랑한다는 것이 근본적으로 불가능하다. 자기를 향한 관심이 너무 커서 타인을 바라볼 수 없기 때문이다.

그러나 이러한 가정은 문제가 있다. 실제로는 이기심과 자기애는

이기심은 자신의 목숨은 살릴 수 있다.
그러나 이기심으로 명예를 살릴 수는 없다.

반대되는 개념이기 때문이다. 이기적인 사람은 자기 자신을 몹시 사랑하는 것이 아니라 거의 사랑하지 않는다. 사실상 그는 자기 자신을 미워한다."

'사람이나 사물을 유용성만으로 평가'한다는 말은 이기심의 속성을 잘 말해 준다. 쉽게 말해 나에게 필요하면 취하고, 나에게 필요하지 않으면 버리는 것이 유용성(有用性)이라는 관점에서 세상을 바라보는 태도고, 쓸모의 관점에서 사람을 평가하는 태도다. 강아지를 자식처럼 애지중지하다가도 늙고 병들면 버리는 사람들이 있다. 만약 그 개의 주인들이 자신을 '이성과 양심에 따르는 나'로 생각했든지, 윤동주의 표현대로 '모든 죽어 가는 것'을 사랑하는 나로 생각했다면, 유기견들은 지금보다 훨씬 줄었을 것이다. 쓸모가 있으면 취하고 쓸모가 없으면 내치는 태도, 이는 두말할 것도 없이 매우 비열하다.

레굴루스가 카르타고와의 약속을 지키지 않았다면 그의 생물학적 목숨은 어떻게든 부지할 수 있었을 것이다. 이기심은 자신의 목숨은 살릴 수 있다. 그러나 이기심으로 명예를 살릴 수는 없다. 그의 명예를 살리는 것은 이기심이 아니라 자기애다. 프롬이 '이기심과 자기애는 반대되는 개념'이라고 말한 것도 그런 이유에서다.

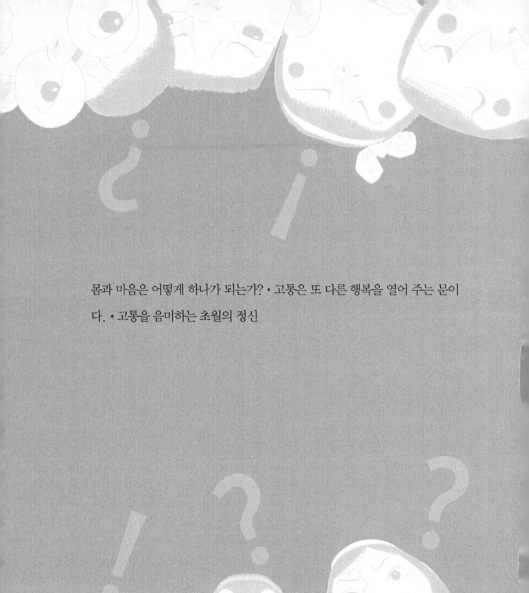

몸과 마음은 어떻게 하나가 되는가? • 고통은 또 다른 행복을 열어 주는 문이 다. • 고통을 음미하는 초월의 정신

고통

2

몸과 마음은
어떻게 하나가 되는가?

나를 바꾸는 과정은 쉽지 않다. 판사 이찬형이 조계종 종정이 되는 것도, 구두쇠 스크루지가 자선가가 되는 것도 쉽지 않다. 몸을 만들기도 쉽지 않고, 마음을 바꾸기도 쉽지 않다. '몸짱 만들기 프로젝트'를 아는가? 음식도 조절해야 하고, 운동도 해야 한다. 몸을 바꾼다는 것은 여간 고역이 아니다. 많은 사람들이 몸 만들기를 중도에 포기하는 이유는 간단하다. 힘들고 고통스럽기 때문이다. 변화에 지불되는 비용은 노력과 고통이다.

'No Pains, No Gains', 고통이 없으면 얻는 것도 없다. 고통을 지불하지 않으면 변화를 달성할 수 없다. 그러나 누구도 섣불리 고통을 치르려고 하지 않는다. 고통을 멀리하는 것이 모든 살아 있는 피조물의 본능이다. 그러나 어떤 사람들은 적극적으로 고통을 찾아 나선다.

몸과 마음이 하나가 되기 위해서 지불해야 하는 것은 고통이다. 고통을 뛰어넘을 때, 경험할 수 있는 것이 바로 행복이다.

석가모니가 출가하던 무렵의 인도에는 고행(苦行)을 통해 깨달음을 얻으려는 사람들이 있었다. "사흘에 한 끼만 먹는 이도 있고, 발돋움한 채 다리 하나로 서 있는 이도 있고, 거친 땅이나 가시나무 위에 누워 있는 이도 있다."라는 기록에서 알 수 있듯 많은 수행자들이 고난의 길을 선택했다.

싯다르타 석가모니가 출가하기 전, 태자 때의 이름 또한 참담한 고행을 시작한다. 어찌나 혹독했던지 아무도 이 젊은 고행자의 수행을 따를 수 없었다. 몇 톨의 낟알과 한 모금의 물로 하루를 보내는 때도 있었다. 대체 싯다르타는 무슨 생각으로 고통을 참으며 수행에 몰두했던 것일까. 그는 왜 이런 죽음과도 같은 고통에 몸을 던졌던 것일까.

싯다르타뿐만이 아니다. 불가(佛家)에는 석가모니 못지않게 치열한 구도의 길을 걸은 이들의 사례가 많다.

효봉 스님은 나이 서른여덟 살이라는 늦은 나이에 출가했는데 금강산 신계사에서 동안거(冬安居 승려들이 음력 10월 15일부터 이듬해 1월 15일까지 일정한 곳에 머물며 수도하는 일)에 들게 됐다. 스님은 선방의 수좌 스님들에게 "늦게 중이 된 관계로 도를 깨치기 위해서는 잠시도 쉴 틈이 없으니 좌복 위에서 계속 정진만 하겠다."라고 양해를 구한 뒤 정진을 시작했다. 그렇게 정진을 한 지 석 달이 지나 일어나려고 하니 엉덩이에 옷이 붙어 있었다고 한다. 엉덩이가 짓물렀다 아물기를 반복하면서 옷과 엉덩이가 마치 하나처럼 된 것이다. 이에 효봉 스님은 '절구통 수좌'라는 별칭을 얻게 됐다고 한다.

성철 스님도 10년 이상을 잠시도 눕지 않고 앉아서 수행하는 장좌불와(長坐不臥)를 했다고 한다. 또한 음식을 익히지 않고 먹는 생식을 16년간 했고, 거기에 침묵으로 수행에만 정진하는 묵언정진(默言精進)으로 10년을 보냈다고 하니, 우리 같은 평범한 사람들은 상상할 수도 없는 수행력이 아닐 수 없다.

대체 그런 극심한 고통을 지불하면서까지 그들이 얻으려고 했던 것은 무엇일까? '진리'라고 답할 수도 있겠지만 그런 답은 너무도 싱겁다. 도대체 진리가 무엇인가? 간단하게 설명하기가 쉽지 않다.

아니 불가능하다. 나는 석가모니의 깨달음이 무엇이고 효봉의 깨달음이 무엇인지 알 수 없다. 내가 그 극심한 수행의 과정을 겪어 보지 못했는데 말로써 이런 것이라고 설명해 봐야 헛일이다.

요한에게 세례를 받은 예수도 광야에서 40일 동안 금식 기도를 하게 된다. 40일 동안의 금식이라고? 하루만 굶어도 하늘이 노랗게 보이는데 생각만 해도 아찔하다. 바로 그 아찔한 일을 예수는 감행한다. 하루를 굶어 보라. 평소엔 저것도 음식이냐고 거들떠보지도 않던 건빵도 피자나 햄버거처럼 여겨질 것이다.

피하면 피할수록 더욱 다가오는 유혹은 쉽게 물리칠 수 없는 존재다. 궁핍의 시간 속에서 유혹의 존재는 평소보다 훨씬 더 크게 보인다. 광야의 40일 동안 예수에게도 엄청난 유혹이 닥친다. 이 유혹을 의인화시킨 것이 바로 '사탄'이라는 존재다. 40일간의 금식 기도를 마친 예수, 그는 마음껏 먹고 싶고 깨끗이 씻고 싶고 푹신한 침대에서 자고 싶었을 것이다. 이때 예수는 사탄으로부터 세 가지 시험을 받는다.

"네가 진정 하나님의 아들이거든 이 돌로 떡을 만들고, 성전에서 뛰어내려 보라. 또한 내게 경배하면 모든 것을 주리라."

이 모든 유혹을 예수는 물리친다. 한 번 절하기만 하면 모든 것을 주겠다는데, 잠시만 자존심을 굽히면 세상의 주인이 될 수 있다는데, 이를 거절할 사람은 많지 않을 것이다. 그러나 예수는 자신의 양심을 굽히지 않는다. 그는 육체적으로는 고통스러웠지만 정신적으로는 행복했다. 윤동주가 〈십자가〉라는 시에서 예수를 '괴로웠던 사나이, (그러나) 행복했던 예수 그리스도'라고 표현했던 것도 바로 그런 이유 때문이었다.

누구나 자신이 바라고자 하는 바를 달성하면 몸은 힘들더라도 마음은 가볍다. 바로 그것이 몸과 마음이 하나가 되는 경지다. 마음은 이런 걸 원하는데 몸은 다르게 행동하는 것, 그것이 몸과 마음의 괴리다. 몸과 마음이 하나가 되기 위해서 지불해야 하는 것은 고통이다. 고통을 뛰어넘을 때 경험할 수 있는 것이 바로 행복이다. 그

것은 단순한 행복이 아니다. 고통을 끌어안고 있는 역설적인 행복
이다.

고통은 또 다른 행복을
열어 주는 문이다

　논리학에서 '역설'이란, 모순을 일으키기는 하지만 그 속에 중요한 진리가 함축되어 있는 것을 일컫는다. 고통스러우면 고통스러운 것이지, 고통스럽지만 행복하다고 하는 것은 말이 되지 않는다. 하지만 이런 것이 바로 역설에 숨은 힘이다.

　이런 역설적 어법은 현실에서도 종종 찾아볼 수 있다. 홀어머니가 어렵게 아들을 키워 대학을 졸업시켰다고 가정해 보자. 졸업식장에서 흘리는 눈물, 그것이 바로 역설이다. 왜? 그 눈물에는 기쁨과 슬픔이 동시에 존재하기 때문이다. 남편이 살아 있어 이 좋은 날을 같이 누렸더라면 얼마나 좋았을까 하는 마음은 슬픔이지만, 대견스러운 아들의 모습을 보는 것은 기쁨이다. 어머니의 눈물에는 이렇게 슬픔과 기쁨이 공존한다. 모순이 되는 것이 함께 공존하는 상황, 이것이 역설적 상황이다.

극한의 상황에서도 인간은
희망을 이야기한다.

고통이 행복일 수 있다는 것, 이 또한 역설이다. 사랑하는 사람을 위해 치르는 고통은 분명 고통이지만, 그것은 또 다른 측면에서는 행복이다. "너와 함께한다면 고통도 달콤할 거야."라는 말은 단순히 유행가 가사에 그치지 않는다. 그것은 사랑하는 사람이라면 당연히 느낄 수 있는 감정을 표현한 것이다. 사랑은 이렇게 고통을 행복으로 만드는 불가사의한 일을 만들어 낸다. 가히 사랑의 힘이라 하지 않을 수 없다.

이육사는 〈절정〉이란 시에서 이렇게 노래했다.

매운 계절(季節)의 채찍에 갈겨
마침내 북방(北方)으로 휩쓸려 오다

하늘도 그만 지쳐 끝난 고원(高原)
서릿발 칼날진 그 우에 서다

어데다 무릎을 꿇어야 하나
한 발 재겨 디딜 곳조차 없다

이러매 눈 감아 생각해 볼밖에
겨울은 강철로 된 무지갠가 보다

그가 서 있는 곳은 '하늘도 그만 지쳐 끝난 고원(高原)'이고 '서릿
발 칼날진' 곳이다. 쉽게 말해 시련의 극한 상황이다. 뒤로 물러설
수조차 없는 곳이다. 더 이상 갈 곳이 없는 최악의 상황이다. 이런
상황에서 그는 말한다. '이러매 눈 감아 생각해 볼밖에/겨울은 강철
로 된 무지갠가 보다'라고.

도저히 어찌해 볼 수 없는 한계의 상황에서도 그 상황을 정신적
으로 초월할 수 있음을 몸으로 보여 준 이도 있다. 바로 빅토르 프
랑클이다.

제2 차 세계 대전 당시, 나치의 대학살로 약 1,100만 명이 목숨
을 잃었다. '홀로코스트'의 비극이 그것이다. 하지만 유태인 정신과
의사 빅터 프랑클은 죽음의 수용소를 무려 네 군데나 거치고서도
살아남았다. 그를 포함해 많은 사람들이 체코슬로바키아 북부에 있

어떤 시련과 죽음이 닥쳐도 인간에게 남은 자유, 즉 자신의 태도를 결정하고 자신의 길을 선택할 수 있는 정신의 자유만은 빼앗을 수 없다.

는 한 수용소에 도착했을 때, 그들을 기다리고 있었던 것은 죽음뿐이었다. 그곳이야말로 이육사가 말한 '하늘도 그만 지쳐 끝난 고원(高原)'이고 '서릿발 칼날진' 곳이었다.

이곳에서 그는 사랑하는 아내와 장모를 잃는다. 요행히 목숨을 건진 그는 다시 아우슈비츠로 이송되었는데 200명이 겨우 들어갈 수 있는 공간에 1,500명이 구겨지듯 수용됐다. 드러눕기는커녕 쭈그려 앉을 수도 없었다. '한 발 재겨 디딜 곳조차 없'는 상황이었다. 그는 이곳에서 추위에 떨며 중노동을 해야 했다. 한 사람씩 한 사람씩 차례로 죽어 나갔다. 어떻게 하면 살아남을 수 있을까 하는 것이 유일한 관심사였다. 그는 이 절박한 상황 속에서 아내의 모습을 떠올렸다. 태양보다 밝게 빛나는 그녀의 모습을 떠올렸다.

"그때 나는 이 세상에 남길 것이 하나도 없는 사람이라도, 사랑하는 사람을 생각하면 여전히 더할 나위 없는 행복을 느낄 수 있다는 것을 알게 되었다. 극단적으로 소외된 상황에서 자기 자신을 적극적으로 표현할 수 없을 때, 주어진 고통을 꿋꿋하고 명예롭게 견디는 것만이 자기가 할 수 있는 일의 전부일 때, 사랑하는 이를 생각하는 것만으로도 충족감을 느낄 수 있다."

아무리 삶이 참혹할지라도 사랑하는 사람을 떠올리면 어떤 고통도 이겨 낼 수 있고 초월할 수 있다는 것이 빅터의 깨달음이었다. 그의 이런 생각은 뒤에 '의미 치료로고 테라피'라는 심리학 이론으로 다시 태어나게 된다.

수용소에 있는 사람들이 그에게 격려의 말을 부탁했을 때, 빅터는 사랑과 희망이 얼마나 커다란 힘을 가지고 있는지 말했다. 그리고 강연 끝에 "나를 죽이지 못하는 것은 나를 더 강하게 만든다."라는 니체의 말을 덧붙인다. 빅터가 이야기를 마쳤을 때, 수감자들은 눈물을 흘리며 그에게 고마움을 표했다.

그는 말한다.

"아무리 어려운 환경일지라도, 어떤 시련과 죽음이 닥쳐도 인간에게 남은 자유, 즉 자신의 태도를 결정하고 자신의 길을 선택할 수 있는 정신의 자유만은 빼앗을 수 없다."

수용소라는 극도의 한계 상황 속에서도 빅터 프랑클은 고통에 무너지지 않았고, 그것을 의연하게 초월했다. 겨울이라는 극한 상황은 그에게 시련이 아니었다. 그에게 있어 겨울은 '강철로 된 무지개'

처럼 황홀한 것이었고, 고통과 시련 속에서 오히려 새로운 깨달음을 얻었다.

그는 또 이런 경험도 이야기했다. 수용소 사람들이 강제 노동을 마치고 돌아오는데 진흙 바닥에 팬 웅덩이에 물이 고여 있었다. 그때 아름다운 하늘이 웅덩이에 비치자 누군가 이렇게 외쳤다고 한다.

"오, 세상이 이렇게 아름다울 수도 있다니!"

고통 속에서도 아름다움을 볼 수 있는 마음만이 겨울을 강철처럼 튼튼한 무지개라고 여길 수 있을 것이다. 중국 명나라의 홍자성이 지은 『채근담』이란 책에도 이런 구절이 등장한다.

"평온한 가운데 즐거운 것은 참된 즐거움이 아니다. 괴로움에서 즐거움을 얻어야 비로소 마음의 참된 움직임을 볼 수 있다."

고통의 극한 속에서 빅터 프랑클이 세상의 아름다움을 보았다면, 바로 그 아름다움이 『채근담』이 말하는 '괴로움에서 얻는 즐거움'일 것이다.

고통을 음미하는
초월의 정신

1953년, 세계에서 처음으로 에베레스트 등정에 성공한 에드먼드 힐러리는 그의 에베레스트 등정 50주년을 기념하는 자리에서 이런 말을 한 적이 있다.

"많은 돈을 내고 경험 많은 가이드의 안내를 받아 산에 오르는 것은 등산이라고 할 수 없다."

산의 정상에 오른다는 결과만이 중요하다면, 케이블카를 타고 올라도 되고 헬리콥터를 타고 올라도 된다. 그러나 그것은 하인의 등을 타고 오르는 것이나 다름없다. 기술이나 자본의 지원을 받아 산에 오르는 것은 진정한 등산이 아니라는 것이 힐러리의 생각이다.

산악인들에게 중요한 것은 결과가 아니라 과정이다. 그들에게는 고통을 이겨 내는 과정이 중요한 것이지, 정상 정복이라는 결과가

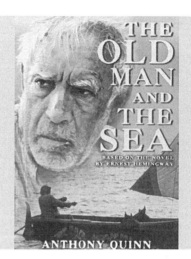

인간은 파멸하는 일은 있을지언정
패배하지 않는다.

중요한 것이 아니다. 그들은 가장 험한 시즌에 가장 험한 코스를 통해 정상에 오른 자만이 가장 큰 영예를 얻을 수 있다고 생각한다. 그렇게 오르는 방식이 가장 고통스럽기 때문이다. 험한 코스는 대개 산의 북쪽north 면face이다. 똑같이 산의 꼭대기에 오르더라도 살을 에는 칼바람이 부는 시즌에 북쪽 면을 올라 정상에 섰다면 그는 다른 사람보다 더 자긍심을 느껴도 좋다. 왜? 그는 다른 사람보다 더 큰 고통을 지불했기 때문이다.

물고기를 잡는 데도 여러 방법이 있다. 기술의 도움을 얻으면 쉽게 물고기를 잡을 수 있다. 가령 폭음탄을 호수 주위에 던지면 폭음 소리에 놀라 고기들이 기절한 채 물 위로 떠오른다. 그때 잠자리채처럼 생긴 뜰채를 미리 준비해 두었다가 건지기만 하면 된다. 자동차의 배터리에 선을 연결한 것을 물속에 담가 고기를 감전시키는 방법도 있다. 이렇게 기술의 도움을 받으면 손쉽게 물고기를 잡을 수 있다.

그러나 이런 방법을 비웃을 법한 노인이 있다. 어니스트 헤밍웨이의 소설 『노인과 바다』에 등장하는 산티아고가 바로 그다. 오랫동안 고기를 잡지 못하던 그는 어느 날 사투 끝에 거대한 청새치를 잡는다. 그러나 기쁨도 잠시, 돌아오는 중에 상어를 만나게 된다.

'어떻게 잡은 건데 상어 녀석에게 빼앗길 수는 없지!'

노인은 온 힘을 다해 혈투를 벌이지만, 결국 애써 잡은 청새치를 상어에게 빼앗기고 만다.

보통 사람들 같으면 그저 허탈하게 바다만 쳐다보았을 텐데, 산티아고는 당당하게 말한다.

"인간은, 파멸하는 일은 있을지언정 패배하지 않는다.
A Man, can be destroyed but not defeated."

그는 자신이 패배했다고 생각하지 않았다. 그의 기준에서 보자면, 패자는 폭음탄이나 배터리로 물고기를 잡는 쪽이지 청새치를 상어에게 빼앗긴 쪽이 아니다. 진정한 낚시는 자신과 낚시대 외에 다른 것을 필요로 하지 않기 때문이다. 폭음탄이나 배터리는 비겁한 수단이다. 왜? 그것은 정당하게 지불해야 할 고통을 지불하지 않고도 손쉽게 결과물을 얻을 수 있도록 하기 때문이다. 산티아고 노인에게 낚시란 정당하게 고통을 지불하고 결과를 얻는 노력이었지, 기술의 도움을 얻어 손쉽게 결과를 취하는 과정이 아니었다.

산을 오르는 마음, 마라톤을 뛰는 마음, 물고기를 잡는 마음……. 진정한 스포츠맨십이란 고통의 과정을 즐기고 음미하는 정신이 아닐까.

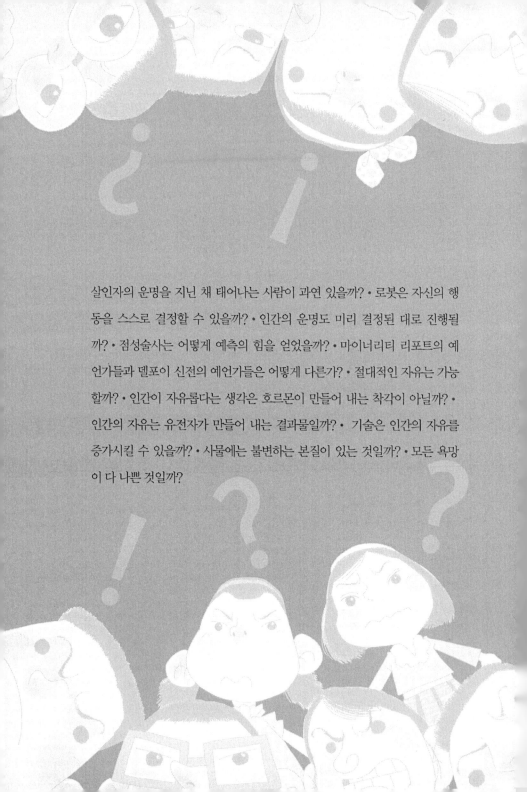

살인자의 운명을 지닌 채 태어나는 사람이 과연 있을까? • 로봇은 자신의 행동을 스스로 결정할 수 있을까? • 인간의 운명도 미리 결정된 대로 진행될까? • 점성술사는 어떻게 예측의 힘을 얻었을까? • 마이너리티 리포트의 예언가들과 델포이 신전의 예언가들은 어떻게 다른가? • 절대적인 자유는 가능할까? • 인간이 자유롭다는 생각은 호르몬이 만들어 내는 착각이 아닐까? • 인간의 자유는 유전자가 만들어 내는 결과물일까? • 기술은 인간의 자유를 증가시킬 수 있을까? • 사물에는 불변하는 본질이 있는 것일까? • 모든 욕망이 다 나쁜 것일까?

운명과
자유

3

살인자의 운명을
지닌 채 태어나는 사람이
과연 있을까?

2054년, '범죄 예방 시스템'이 도입되어 미래에 발생할 살인 사건을 예측해 범인을 사전에 검거한다. 3명의 예언자가 살인 사건을 예측하면 범죄 예방 수사국이 범인을 체포한다. 그것도 사건이 일어나기도 전에! 영화 〈마이너리티 리포트〉의 도입 장면이다.

범죄 예방 수사국의 존 앤더튼은 예언자들이 예지하는 미래의 살인자들을 탁월한 솜씨로 잡아들인다. 하지만 법무부 감찰관 대니 워트워는 이 시스템을 불신한다. 단지 예언일 뿐이고, 실제로는 범죄를 저지르지도 않은 사람을 체포하는 것이 과연 정당한 것인지 묻는다.

그러던 어느 날, 범죄 예방 시스템이 앤더튼 자신을 미래의 살인범으로 예언한다. 꼼짝없이 잡혀 들어가야 할 상황에서 앤더튼은

주어진 조건이 똑같다 하더라도, 그 조건에 반응하는 사람들의 모습은 제각기 다르다.

예언자 중 한 명인 아가사를 데리고 수사국에서 탈출한다. 그는 미래의 살인자가 될 것이라는 자신의 운명을 부정하면서 범죄 예방 시스템의 비밀을 파헤치기 시작하지만, 자신의 아들을 납치해 살해한 유괴범을 찾아내면서 알 수 없는 운명에 휘둘리게 된다. 결국 예언자들의 예지처럼 앤더튼은 유괴범에게 총을 겨누고 마는데……

영화의 재미는 앤더튼이 과연 예언가들의 말처럼 살인을 저지를까 하는 것이다. 운명에 이끌릴 것인가, 아니면 운명을 거부할 것인가? 양자 선택의 기로에서 그는 결국 방아쇠를 당기지 않는다. 아들을 죽인 살해범을 향한 분노를 억제한 것이다.

앤더튼이 분노를 억제하고 살해범을 죽이지 않은 행동을 통해 영화가 관객에게 말하고 싶었던 것은 무엇일까? 앤더튼이 예언자들이 말한 운명대로 방아쇠를 당기려는 찰나, 예언자 아가사는 앤더튼을 향해 속삭인다.

"너는 선택할 수 있어. 너는 선택할 수 있어."

윗사람이 오늘 점심에는 모두 짜장면을 먹으라고 강요한다면 누구나 기분이 나쁠 것이다. 메뉴 선택에 대해 나의 의견을 묻지 않았기 때문이다. 자유는 선택의 가능성을 말한다. 어떤 음식을 먹을 것인지는 내가 판단할 문제이지, 남이 이래라저래라 강요할 사안이 아니다. 적어도 "짜장면 먹을래, 우동 먹을래?" 정도는 물어봐야 하는 게 예의다.

그러나 둘 중 하나를 선택하라는 식의 질문도 그리 달갑지는 않다. 왜? 짜장면도 싫고, 우동도 싫을 수 있기 때문이다. 내가 싫어하는 것들을 잔뜩 나열해 놓고 그중에서 선택하라고 하는 것은 잘못이다. 더구나 선택 항목이 한두 가지에 불과하다면 그 선택에 어떤 의미가 있겠는가?

내가 선택할 수 있는 항목을 논리학에서는 '선택지'라고 한다. 선택지가 제한되면 될수록 우리의 자유는 감소한다. 두 가지보다는 세 가지에서, 세 가지보다는 열 가지 중에서 고를 때, 우리의 자유는 증가한다. 극단적으로 말해 선택지가 하나밖에 없는 상황이라면, 우리의 자유는 '제로'라고 할 수 있다. 가령 총을 들이밀며 "죽을래, 사망할래, 돌아가실래?"라고 말하는 악당 앞에서 선택은 아무런 의미가 없다. 죽거나 사망하거나 돌아가시거나 그게 그거니까 말이다.

　나의 출생도 내가 선택한 일이 아니다. "태어날래, 태어나지 말래?" 둘 중 하나를 고르라는 말을 듣고 태어난 사람은 없다. 인간의 출생부터가 스스로 선택한 일이 아니다. 민족이나 국가도 선택하지 않았고, 문화도 선택하지 않았으며, 성별도 선택하지 않았고, 부모도 선택하지 않았다. 내가 선택하지 않았는데 미리 주어진 것, 그것을 운명이라고 불러도 좋다. 운명은 어쩔 수 없이 주어진 것이다. 모든 인간들은 어쩔 수 없이 이 세상에 '입장'했다.

　운명을 선택할 수 있었다면 가난한 나라, 가난한 부모 밑에서 태어나기를 선택할 사람은 많지 않을 것이다. 기왕이면 잘사는 나라, 번드르르한 집안에서 태어나길 바라는 것이 사람의 마음이다. 또한 우리는 우리의 몸도 선택하지 않았다. 선택할 수만 있다면 왜 이렇게 부실한 육체를 선택했겠는가? 할 수만 있다면, 호랑이처럼 강력한 이빨과 독수리의 발톱과 신천옹의 날개를 선택하는 것이 여러모로 멋도 있고 쓸모도 많지 않았을까? 우리는 그저 태어났다. 선택의 자유는 애초부터 없었다.

　그럼에도 우리는 다른 측면에서 항상 무엇인가를 선택할 수 있다. 대한민국에 태어나기를 선택하지는 않았지만, 대한민국에서 어떻게 살아갈 것인지, 삶의 태도와 자세는 어떻게 취할 것인지 스스로 선택하고 이룰 수 있다. 가난한 부모 밑에서 태어난 사람도 가난을 선택하지는 않았지만, 가난을 어떻게 받아들일지 가난을 바라보는 삶의 태도와 자세는 스스로 결정할 수 있다. 주어진 조건이 똑같다 하더라도, 그 조건에 반응하는 사람들의 모습은 제각기 다르다.

앤더튼이 수사국에서 유능한 직원이 될 수 있었던 것은 인간의 운명이 이미 결정되어 있다는 '운명 결정론'을 굳게 믿고 임무를 수행했기 때문이다. 만약, 그가 '운명 같은 것은 없다. 세상에 어떻게 인간의 행동이 미리 결정되어 있을 수가 있단 말인가?'라고 생각했다면 그는 애초에 수사국을 뛰쳐나왔을 것이다.

생각해 보라. 사람을 죽이지도 않았는데 살인자의 운명을 지니고 태어났으니 법의 이름으로 구속한다는 수사관의 말을 순순히 받아들이며 수갑을 찰 수 있는 사람이 어디 있겠는가?

앤더튼 역시 마찬가지였다. 자기 자신이 예언의 굴레에 속하게 되면서 오히려 운명을 바꾸려고 노력했다. 사람의 운명이 정해져 있다는 사실에 그는 제동을 건 것이다.

로봇은 자신의 행동을
스스로 결정할 수 있을까?

오전 6시에 타이머를 맞춰 놓으면 시계는 정확히 그 시간에 일어나라는 신호음을 보낸다. 시계는 스스로가 자신의 작동 방식을 결정할 수 없다. 시계의 작동을 결정할 수 있는 존재는 오직 그것을 설계하고, 만들고, 조작하는 사람일 뿐이다. 어떻게 작동할 것인지, 자신의 임무는 무엇인지 시계는 정하지 못한다. 그것은 자신의 운명을 자신이 정할 수 없다는 말과 같다. 시계의 운명은 인간에 의해 미리 정해져 있으니까 말이다. 이처럼 도구들은 자신의 운명을 스스로 정할 수가 없다.

자동차 공장에서 일하고 있는 로봇을 보라. 전기 에너지만 공급해 주면 자신을 설계한 인간의 의도대로 열심히 일을 한다. 게으름도 피우지 않고, 멋진 사람이 지나가도 한눈을 팔지 않는다. 볼일

모든 것은 예정된 대로, 미리 결정
된 대로 진행된다. 그것이 자연의
질서이고, 우주의 법칙이다.

을 보겠다고 화장실에 가지도 않는다. 로봇은 자신의 운명대로, 설
계자가 미리 결정해 준 대로 묵묵히 자신의 임무를 수행한다.

그러나 〈마이너리티 리포트〉 속의 앤더튼은 로봇이 아니다. 그는
누구에 의해 설계된 존재가 아니다. 만약 그가 누군가에 의해 설계
된 존재, 로봇과 같은 존재였다면, 그는 설계된 운명에 따랐을 것
이다.

공중에서 떨어지는 벽돌도 자신의 운명을 스스로 선택할 수 없
다. 벽돌의 운동 방향은 이미 결정되어 있고, 예정되어 있다. 물리
(物理) 시험에서 어떤 물체의 6초 뒤 위치를 구하라는 문제를 출제
할 수 있는 것도 물체의 운동이 결정되어 있기 때문에 가능하다. 하

나의 물체에 불과한 벽돌에게는 자신의 행로를 선택할 수 있는 자유 의지라는 것이 없다.

　주위를 둘러보라. 떨어지는 나뭇잎도 역시 자신의 행로를 스스로 결정할 수 없다. 나뭇잎은 바람 속을 자유롭게 날아가는 것 같지만, 따지고 보면 그 나뭇잎 역시 예정된 길을 갈 뿐, 스스로 행로를 선택한 것이 아니다. 은행잎도 자신이 가을에 어떤 색깔의 옷을 입을지 결정하지 못한다. 노란 옷을 입도록 결정되어 있다면 노란 옷을 입을 수밖에 다른 도리가 없다. 소나무는 사철 내내 초록색 옷을 입도록 결정되어 있다. 개는 '멍멍멍' 짖도록 결정되어 있고, 늑대는 '오우~' 하고 울도록 결정되어 있으며, 뻐꾸기는 '뻐꾹' 하고 울도록 결정되어 있다. 이 결정 사항을 부정한 채 늑대가 '뻐꾹' 하고 울 수도 없고, 뻐꾸기가 '멍멍멍' 하고 울 수도 없는 일이다.

　우리가 살고 있는 세계는 마치 롤러코스터가 미리 결정된 궤도를 따라 도는 것처럼 어떤 정해진 경로를 따라 움직이는 것 같다. 봄·여름·가을·겨울……. 계절은 정해진 순서에 따라 왔다가 가는 것이지, 그 순서가 뒤바뀌는 일은 없다. 지구는 태양을 중심으로 365일에 한 바퀴씩 정해진 궤도를 따라 움직이고, 달은 지구를 중심으로 약 한 달에 한 번씩 정해진 궤도를 따라 움직인다. 그 움직임은 매우 정연하다. 만약 그 움직임이 그렇지 않다면 세상의 모든 달력은 쓰레기통 신세가 되고 말 것이다.

은행잎이 붉게 물들거나, 가을 다음에 여름이 오거나, 뻐꾸기가 '멍멍멍' 짖거나, 달이 한 달에 두 번씩 지구 주위를 도는 일은 판타지 영화에서나 가능하지 현실에서는 일어날 수 없다. 모든 것은 예정된 대로, 미리 결정된 대로 진행된다. 그것이 자연의 질서이고, 우주의 법칙이다.

인간의 운명도
미리 결정된 대로 진행될까?

〈마이너리티 리포트〉의 앤더튼과 비슷한 운명을 가지고 태어난 사람이 있다. 그리스 비극의 주인공 오이디푸스가 바로 그 사람이다. 오이디푸스도 앤더튼처럼 살인자의 운명을 지니고 태어났다. 앤더튼이 자신의 운명을 거역했다면, 오이디푸스는 자신의 운명에 굴복하고 살인자가 되고 만다.

자, 비극의 페이지를 넘겨 보자.

테베의 왕이 된 라이오스는 이오카스테와 결혼했다. 이때 아폴론이 "두 사람 사이에 아들이 태어나면, 아들이 아비를 죽이고 어미와 결혼하게 될 것이다."라는 신탁을 내렸다. 인간은 신이 만들었고, 인간의 행동은 신이 결정한다는 생각을 가진 당시의 사람들에게 신전에서 들려오는 신의 목소리는 거역할 수 없는 신성한 것이었다.

오이디푸스의 이야기 속에는 인간은 정해진 운명을 벗어날 수 없다는 운명론적 사고가 담겨 있다.

그러나 이러한 경고에도 불구하고 라이오스는 신들이 마시는 음료를 마시고 취한 채 아내와 관계를 가져 아들을 낳게 된다. 신의 말을 생생히 기억하고 있는 왕은 못으로 아들의 발목을 꿰뚫고는 산에 갖다 버리도록 한다.

하지만 운명은 오이디푸스를 그대로 죽게 두지 않았다. 이웃 나라의 목동이 그를 발견하여 왕가에 보냈고, 왕비는 아이를 불쌍히 여겨 발목을 치료한 후 양자로 삼았다. 오이디푸스라는 이름은 '부은 발'이라는 뜻인데 여기서 비롯된 것이다.

어느덧 세월이 흘러 건장한 청년이 된 오이디푸스는 자신의 뿌리를 알고자 신전에 가서 물었는데 그의 운명이었던 신탁, 즉 아버지를 죽이고 어머니와 결혼하게 되리라는 경고를 알게 된다. 이에 절망한 오이디푸스는 방랑길에 오른다. 한편, 오이디푸스의 아버지인 라이오스 역시 자신이 아들의 손에 죽임을 당할 때가 왔다는 불길한 예감에 시달리고 있었다.

'안 되겠다. 신전에 가서 아들이 죽었는지 확인해야겠어.'

그는 자기가 산에 내다 버린 아들이 실제로 죽었는지 확인하고 싶었다. 그런데 가혹한 운명은 그들 사이를 비켜 가지 않고 두 사람을 좁은 길에서 마주치게 했다. 좁은 길에서 서로 오도 가도 못 하게 되자 왕의 신하 중 한 명이 오이디푸스에게 길을 비키라고 다그쳤다.

"무엄하구나. 이 분이 누구신지 아느냐? 길을 비키지 못할까!"

오이디푸스가 머뭇거리자 흥분한 신하가 오이디푸스의 말을 베어 버렸다. 이에 화가 난 오이디푸스는 신하를 죽이고 왕도 마차에서 끌어 내려 살해해 버렸다. 자신의 아버지인 것도 모른 채……

왕이 죽은 후, 테베에는 엄청난 재앙이 닥쳤다. 여자의 얼굴에 몸은 사자인 스핑크스라는 괴물이 나타나 길을 지나는 행인에게 수수께끼를 내어 풀지 못하면 죽이는 일이 벌어진 것이다.

"아침에는 네 발로, 낮에는 두 발로, 저녁에는 세 발로 걷는 것은 무엇이냐?"

하지만 아무도 이 수수께끼를 풀지 못했다. 이에 테베의 새 왕은 포고령을 내려 누구든지 수수께끼를 푸는 자가 있으면, 그를 자기

대신 왕으로 삼고 자신의 누이와 결혼시켜 주겠다고 선언했다. 스핑크스로 인해 너무 많은 사람들이 죽고 있었기 때문이다. 이때 오이디푸스가 문제를 풀겠다고 나섰다.

"그 문제의 답은 '사람'이다. 어려서는 팔과 다리로 기어 다니기 때문에 네 발이고, 어른이 되어서는 두 발로 다니고, 노인이 되면 지팡이를 짚고 있기 때문에 세 발이다."

정답을 들은 스핑크스는 스스로 몸을 던져 목숨을 끊고 말았다. 이렇게 오이디푸스는 테베의 왕이 되었고, 이오카스테가 자신의 어머니인 걸 모른 채 결혼하였다.

이상이 소포클레스의 〈오이디푸스 왕〉의 골자다. 어떤 사람은 "세상에 운명이란 게 어디 있어? 다 자기가 하기 나름이지."라고 말하고 싶겠지만, 소포클레스가 살던 시대의 사람들은 인간의 운명도 사계절의 변화처럼 정해져 있다고 생각했다.

오이디푸스의 이야기 속에는, 인간은 정해진 운명에서 벗어날 수 없다는 운명론적 사고가 담겨 있다. 미리 정해진 자연의 질서, 즉 운명에 따르는 것이 순리(順理)이지, 그것을 거역할 수 없다는 사고가 그것이다.

점성술사는 어떻게
예측의 힘을 얻었을까?

많은 사람들이 신의 목소리를 들었다고 말하곤 한다. 그들은 대부분 신앙심이 깊은 사람들이다. 무당들도 신의 목소리를 전한다고 한다. 자신의 생각은 이렇다고 말하는 무당은 없다. 그들은 하나같이 신의 목소리를 대변한다고 말한다.

델포이 신전의 신탁도 마찬가지다. 그곳에서 들려오는 것은 신이 아니라, 신탁을 담당하는 피티아^{여사제}의 목소리에 불과하다. 델포이에서 신탁, 즉 신의 목소리를 전해 주는 일은 언제나 여성이 담당했다. 피티아는 스스로 어떤 사실을 예언하는 존재가 아니라, 신의 목소리를 전달하는 '메신저'였다. 오늘날로 말하면 무당이나 점성술사에 해당한다고 할 수 있다.

점성술은 천체 현상을 관찰하여 인간의 운명이나 장래를 점치는 방법을 두루 이르는 말이다. 하늘의 별자리는 아주 혼란스럽게 펼쳐져 있는 것 같지만 거기엔 어김없는 질서가 있다. 목성에는 목성

점성술사는 자연을 관찰하는 자였고, 그것을 바탕으로 미래를 예측하는 자였다.

의 궤도가 있고, 토성에는 토성의 궤도가 있다. 목성의 공전 주기도 일정하고, 토성의 공전 주기도 일정하다. 별들이 이처럼 질서에 따라 정연하게 움직이고 있고 그 주기를 잘 알고 있다면, 작년 3월의 별자리와 올해 3월의 별자리가 같을 것임을 예측할 수 있다. 이 예측, 이것이 점성술사의 힘이다. 예측이야말로 점성술사의 막강한 권력이다.

눈이 펑펑 오고 칼바람이 살을 에는데도 점성술사가 곧 벚꽃이 필 거라고 말한다면, 사람들은 그를 비웃었을지도 모른다. '매일 하늘만 쳐다보면서 이상한 소리를 중얼거리더니 이젠 완전히 미쳤군.' 하면서 그에게 손가락질을 했을지도 모른다. 하지만 그의 예측이 정확하게 들어맞았다면 어떻게 생각했을까? 당연히 그를 특별한 존재로 대접했을 것이 분명하다. 더구나 하늘이 갑자기 어두워지

는 일식을 예측했다면 그 점성술사의 위세가 어떠했을까를 상상해 보라. 그는 신을 대신할 수 있는 사람, 적어도 신의 말을 듣고 전할 수 있는 사람이라고 여겼을 것이다.

아무도 예측할 수 없는 것들을 예측할 수 있는 사람, 그는 보통 사람이 아니다. 더구나 도저히 납득할 수 없는 자연 현상을 정확히 예측했다면, 그에 대한 세상의 평가는 우리의 상상을 뛰어넘을지도 모른다. 제정일치(祭政一致) 사회란 제사장이 정치적 우두머리였던 사회를 말한다. 제사장은 예언자이기도 했다. 그의 힘이 얼마나 컸을지를 짐작하기란 그리 어렵지 않다.

원시적 단계에서 점성술사들의 예측은 하늘에만 의존하지 않았다. 새가 나는 모습을 보고 점을 치는 이도 있었다. 그들은 자연을 잘 관찰했다. 날씨와 관련이 있는 속담들을 살펴보면 그들이 어떻게 자연을 관찰하고, 그 결과를 바탕으로 어떻게 미래를 예측했는지 알 수 있다.

'제비가 많이 날면 비가 온다'는 속담이 있다. 제비가 많이 나는 것과 비가 오는 사실이 무슨 관련이 있느냐고 물을 사람이 있을지도 모른다. 그런데 비가 내리기 전에는 공중을 나는 곤충들의 숫자가 많아진다. 왜 그럴까? 곤충 중에는 메뚜기처럼 체내 수분이 증발되는 것을 막을 수 있는 큐티클라 피부를 가진 경우도 있지만, 대부분은 큐티클층이 없다. 그래서 건조할 때는 수분 유지를 위해 습한 곳에 머물다가, 저기압권에 들거나 비가 오기 직전 대기 습도가 높아지면 공중에서 활발하게 활동하게 된다. 이때 제비들이 벌레를 잡기 위해 날아다니므로 눈에 많이 띄게 되는 것이다. 그러니 '제비가 많이 날면 비가 온다'는 속담은 과학적 근거를 갖고 있는 셈이다. 점성술사의 예측은 이렇게 자연을 잘 관찰한 데서 비롯된 것이다.

우리 조상들은 날씨와 관련이 있는 속담을 많이 남겼다. '달무리가 지면 비가 온다', '닭이 나무에 높이 오르면 큰비가 온다', '까치가 집을 높게 지으면 장마가 진다', '쥐가 벼 끝에 집을 만들면 큰비가 온다', '청개구리가 집 안 나뭇가지에 붙어 있으면 비가 온다', '집에 개구리나 뱀이 보이면 장마가 진다' 등등 사전을 뒤져 보면 기후와 관련이 있는 수많은 속담과 만나게 된다. 이는 우리 조상들이 날씨에 관심이 많았다는 증거다.

점성술사의 임무 중 하나는 날씨를 예측하는 일이다. 현대식으로 말하면 기상 연구원이라 할 수 있다. 그러면 왜 고대 사람들은 점성술사에게 날씨를 예측해 달라는 주문을 맡겼을까? 그것은 농경 문화와 관련이 있다. 농사는 날씨와 떼려야 뗄 수 없는 밀접한 관계를 가지고 있기 때문이다. 비가 올 것이 분명한데도 볍씨나 고추를 말리는 것은 어리석은 일이다. 내년에 기후가 어떨지를 예측할 수 있다면, 어떤 품종을 심을지 미리 정할 수 있다. 날씨를 내 마음대로 조종할 수는 없지만 미래를 예측할 수 있다면, 날씨 때문에 농사를 망치는 일은 줄어들 것이다. 또한 불분명한 미래를 예측을 통해 상황을 어느 정도 통제할 수 있다는 사실은 인간에게 안도감을 갖게 했을 것이다.

"장마가 날지, 가뭄이 들지 알 수가 없네. 하지만 미래를 조금이나마 예측하면, 어느 정도 미래를 통제할 수 있겠지."

바로 이런 자신감을 심어 준 사람들이 점성술사였다. 인류의 역사에서, 점성술사들을 미신이나 전파하면서 사람들을 속이는 사기꾼이었다고 말해서는 안 되는 이유가 여기에 있다. 점성술사는 엄연히 자연을 관찰하는 자였고, 그것을 바탕으로 미래를 예측하는 자였다.

점성술사들은 꿈속에도 신의 계시가 있다고 믿었다. 또 짐승의 뼈나 거북이의 등껍질을 태웠을 때 나오는 특정한 무늬가 미래를 알려 준다고도 생각했다. 심지어는 제물로 바친 짐승의 내장 형태를 보고도 미래를 판단했다. 연기나 불의 형상, 번개나 천둥 같은 자연 현상을 통해서도 점을 쳤다. 간혹 마약과 같은 환각 물질을 먹은 상태에서 내뱉는 언어를 신의 목소리라고 여기는 경우도 있었다.

신의 목소리를 전해 주는 신탁의 장소로 가장 유명한 곳은 파르나소스 산의 비탈에 자리한 '델포이'다. 고대 그리스 사람들은 이곳이 우주의 중심이라고 생각했다. 델포이 신전에는 신탁을 받고자 멀리 외국에서 찾아오는 사람들도 있었다고 한다. 신탁은 반드시 뜻이 명료한 말로 되어 있는 건 아니었다. 말이라고 할 수도 없고 노래라고도 할 수 없는, 의미를 알 수 없는 소리를 피티아가 내뱉으면 중간에서 이를 해석해서 전해 주는 사람, 즉 중개인이 있었다고 한다.

 결론적으로 말하자면 신전에서 사람들이 들었던 소리는 이 중개인이 해석한 소리였지 신의 뜻이 아니었다. 그럼에도 많은 사람들이 중개인의 소리를 신의 소리라고 생각했던 것은 그 소리가 미래를 예측할 수 있는 신통한 능력을 가진 피티아의 입에서 비롯된 것이기 때문이다.

마이너리티 리포트의 예언가들과
델포이 신전의 예언가들은
어떻게 다른가?

영화 〈마이너리티 리포트〉의 예언가들이나 델포이 신전의 예언가들의 공통점은 미래를 예측한다는 것이다. 〈마이너리티 리포트〉에서의 예언가들은 앤더튼의 살인을 예언했지만 그 결과는 틀렸다. 반면, 델포이 신전의 피티아는 오이디푸스가 친아버지를 살해할 거라는 신탁을 전했고 그 결과는 적중했다. 다시 말하면, 앤더튼은 예언가들이 말한 운명에서 벗어났고, 오이디푸스는 피티아가 말한 운명에 굴복하고 말았다.

이러한 사실을 두고 앤더튼이 더 용감한 사람이라고 할 수 있을까? 그럴 수는 없을 것 같다. 영화의 배경이었던 2054년과 그리스 시대는 현격한 시간 차이가 있다. 21세기는 기술의 도움을 받아 점점 자연을 제어할 수 있는 능력을 갖추고 있다. 그러나 그리스 시대

의 기술력은 현대와 비교해 무척이나 초라하다. 그리스 시대는 거대한 자연의 힘 앞에 한없이 무력했던 시절이었으니, 자연과 운명을 대하는 현대인의 태도와 그리스인의 태도를 단순 비교하는 것은 무리다.

영화 〈아마겟돈〉에서 한 소행성이 궤도를 벗어나 무시무시한 속도로 지구를 향해 돌진해 온다. 크기도 어마어마해서 텍사스주 주만하다. 만일 충돌한다면, 지구는 최대의 위기를 맞게 된다. 그때, 미국 우주 항공국의 댄 트루먼 국장은 소행성에 구멍을 뚫고 그 속에 핵탄두를 장착해 파괴하기로 결정한다. 문제는 사람이 직접 소행성까지 가야 한다는 것이다. 이에 몇몇 용감한 지원자들이 '행성 파괴 팀'을 구성해 돌아올 수 없는 길을 떠난다. 그들은 과연 지구를 구할 수 있을까?

미래를 예측할 수 있는 과학의 힘이 없다면 상상조차하기 힘든 일을 영화는 보여 준다. 소행성의 속도와 이동 경로를 예측할 수 없다면 행성 파괴 팀을 보낼 수 없다. 설령 대원들을 보내더라도 그곳에 도달하기도 전에 우주 미아가 될 확률이 높다.

영화 속의 모든 결정은 예측을 바탕으로 한다. 이 예측이 하나라도 빗나가면 계획은 수포로 돌아간다. 과학자들이 예측한 대로 기기가 잘 작동해야 하고, 지구로 달려오는 소행성도 과학자들이 예측한 대로 정해진 궤도를 따라 이동해야 한다. 조그마한 오차라도 생기면 행성 파괴 팀의 운명은 끝장일 테니까.

결국 그리스 시대의 예언가들이 신의 영역을 다룬 철학적 존재였다면, 현대의 예언가인 과학자들은 정확한 데이터를 바탕으로 하는 기술적 존재라고 할 수 있다.

절대적인 자유는
가능할까?

물리학에는 '자유 낙하' 개념이 나온다. 그런데 낙하하는 물체가 강한 바람의 영향을 받는다면 이 물체는 자유 낙하를 하고 있다고 말할 수 없다. 자유 낙하에서의 '자유'란 물체가 중력의 작용을 제외한 다른 어떤 영향도 받지 않음을 의미한다. 즉, 자유 낙하는 중력말고는 낙하에 영향을 주는 요소가 없어야 한다.

그러나 세상의 어떤 존재가 외부의 힘과 상관없이 홀로 존재할 수 있을 수 있을까? 가볍게 부는 바람도, 공기 중에 있는 미세한 물방울 입자도, 심지어는 우리 귀에는 들리지도 않는 작은 소음도 낙하하는 물체에 영향을 준다. 엄밀하게 따지고 보면 자유 낙하란 도달할 수 없는 이상일지도 모른다. 즉, 외부로부터의 간섭이 없는 절대적 자유는 하나의 관념에 불과하다고 할 수 있다. 우리가 말할 수 있는 자유는 오직 상대적인 자유일 뿐이다.

누가 시켜서 어떤 행동을 한다면, 그 행동은 외적으로 강제된 것이지 내 스스로 결정한 자유로운 행동이 아니다. 예를 들어, 실험실에 두 사람이 있다고 하자. 한 사람은 최면술사요, 또 한 사람은 피실험자다. 최면술사가 피실험자에게 최면을 건다.

"당신은 오후 2시에 창문을 열어야 합니다. 그리고 당신은 내가 그런 지시했다는 사실을 머릿속에서 지워야 합니다."

비밀 카메라를 통해 실험실 안을 들여다보는 사람들은 과연 피실험자가 오후 2시에 창문을 열 것인지 자못 흥미롭다. 최면에서 풀려난 피실험자는 오후 2시가 가까워지자 이마에 땀을 닦으며 왠지 불안한 행동을 보인다. 그리고 실험실 안의 커다란 시계가 2시를 가리키자 실험실의 창가로 다가가 창문을 열고는 크게 안도의 한숨을 내쉰다.

만약 누군가가 피실험자에게 왜 창문을 열었느냐고 물으면 그는 십중팔구 답답해서 열었다고 대답할 것이다. 또한 그는 자신의 '의지'로 창문을 열었다고 생각할 것이다. 그러나 정작 그로 하여금 창문을 열게 한 것은 최면술사가 건 암시다.

자유(自由)는 말 그대로 스스로[自]에게서 비롯[由]되는 것이지만, 이 피실험자의 행동은 스스로의 의지와는 상관이 없고 최면술사와 관련이 있다. 타인의 힘에 의해 자행된 일은 자유로운 행동이라고 할 수 없다.

우리가 일상생활 중에서 하는 행동들도 잘 따져 보면 앞서 언급한 실험실에서의 피실험자의 행동과 유사한 경우가 많다. 가령 '나'

최면이나 무의식적 동기에 이끌려 어떤 행동을 결정하는 것은 우리의 '부자유'를 증명하는 셈이다.

는 내 스스로의 의지에 따라 특정 모델의 휴대 전화를 구입했다고 생각할지 모른다. 그러나 사실은 광고의 '치명적 유혹' 때문인 것은 아닐까? 그럼에도 자신의 판단과 자유 의지에 따라 그것을 구입했노라고 착각을 하게 되는 것이다. 우리의 행동을 이끄는 동기는 이렇게 우리가 의식하지 못하는 깊은 곳에 있을 수 있다. 행동의 동기가 무의식적인 힘에 이끌리게 되면 우리는 그 무의식의 노예가 될 수도 있다.

최면이나 무의식적 동기에 이끌려 어떤 행동을 결정하는 것은 우리의 '부자유'를 증명하는 셈이다. 자유로운 행동은 나의 분명한 판단력과 분별력 있는 이성의 결과여야 한다.

하지만 어디 우리의 삶이 그러하던가. 감정과 욕망에 이끌려 어떤 행동을 선택하게 되는 때가 한두 번이 아니다. 인간은 이성적 동물이기도 하지만 착각을 밥 먹듯 하는 감정의 동물, 오류의 동물이기도 하다. 그것은 사랑에 있어서도 마찬가지다.

인간이 자유롭다는 생각은
호르몬이 만들어 내는
착각이 아닐까?

뉴욕 주립 대학교 스토니 브룩 분교의 아트 아론 교수는 사랑에 빠진 남녀들의 뇌를 '자기 공명 영상MRI'으로 검사했다. 실험 결과, 남녀가 사랑을 느낄 때 뇌에서 도파민과 노르에피네프린이 분비된다는 사실을 발견했다. 도파민은 사랑이나 성적 욕구에 관여하는 신경 전달 물질이다. 음악과 문학과 미술 등 예술이 극구 찬양해 마지않는 '사랑'이 호르몬의 영향이라니, 이거 해도 너무한 거 아닌가 허탈해진다.

영화 〈내겐 너무 가벼운 그녀〉의 주인공 할 라슨은 자신의 여자 친구는 반드시 늘씬한 미녀여야 한다는 생활신조를 꿋꿋이 지키며 살아왔다. 어느 날, 할은 우연히 유명 심리 상담사와 함께 고장 난 승강기에 갇히게 된다. 로빈슨은 할의 문제를 단번에 해결하는 특

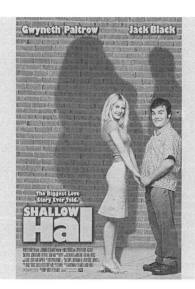

인간의 행위를 지배하는 것은 무엇인가?

별한 최면 요법을 선사하는데, 바로 그날 최면에 걸린 할 앞에 로즈
마리라는 여인이 나타난다. 실제로는 단지 뚱보일 뿐이지만, 할에
게는 로즈마리가 미모에 지성까지 갖춘 최고의 존재로 보인다. 그
러나 타인의 눈에는 현실 그대로 뚱보일 뿐이다.

할의 행동을 조종하는 최면술사는 누구일까? 도파민과 노르에피
네프린이 할의 행동을 조종한 최면술사일까? 그렇다면 그런 호르몬
이 분비되지 않도록 한다면 인간은 사랑을 느끼지 못할까?

인간의 행위가 스스로의 판단에서 비롯되는 것인지, 아니면 유전
이나 환경에 의해 비롯되는 것인지, 우주를 개척하고 있는 현대의 첨
단 과학도 이 문제에 대해서만큼은 시원한 답을 내지 못하고 있다.

인간의 자유는
유전자가 만들어 내는
결과물일까?

외모는 유전자의 영향을 많이 받는다. 비슷한 유전자를 받은 형제가 서로 닮아 있다는 사실이 이를 증명한다. 또 우리의 행동도 관습이나 본능에 의해 미리 결정되기도 한다. 설날 때 우리가 하는 세배는 자유 의지에 의해서 선택한 결과라기보다는, 관습에 따른 결과이다. 뜨거운 물에 손을 데었을 때 나타나는 우리의 반응도 자유 의지가 아니라 본능에 따른 반응이다.

그럼에도 인간은 자기의 행동은 자신의 의지대로 결정한다고 생각한다. "당신의 행동을 결정하는 존재는 당신이 아닙니다."라는 소리를 듣게 되면 누구나 인상을 찌푸리게 될 것이다. 자신이 한 행동의 주인은 자기 자신이라고 생각하기 때문이다. 어린아이들조차도 "내가 할래, 내가 할래."를 외치며 부모에게 떼를 쓴다. 자기 결정권, 그것이 자유다. 자유를 침해당하면 누구나 언짢다.

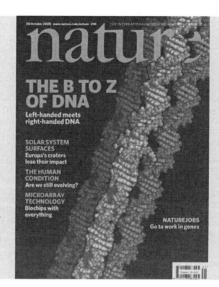

우리의 자유는 어디까지나
상대적인 것이지
절대적인 것이라고 말할 수 없다.

　그러나 인간의 세계와 달리 자연의 세계는 자유가 없는 결정론의
세계다. 과학 문제를 보라. "10킬로그램의 물체를 자유 낙하시켰
다. 3초 후에 물체의 위치는 낙하 지점으로부터 몇 미터 떨어진 곳
인가?"라는 문제는 이 물체가 3초 후에 도달할 지점이 미리 결정되
어 있다는 전제를 깔고 있는 것이다. 그 때문에 우리는 물체의 위치
를 예측할 수 있다.

　강원도의 남대천에서 태어난 연어의 행동도 충분히 예측 가능하
다. 멀리 떨어진 베링 해협까지 헤엄쳐 간다고 해도 남대천에서 태
어난 연어는 남대천으로 돌아오도록 연어의 본능 속에 프로그램화
되어 있다. 이 본능 속에 심어진 프로그램에서 벗어날 수 있는 연어
는 없다. 가령 남대천에서 태어난 연어가 어른이 된 후 알을 낳기

앙소 철학 3

107

위해 일본으로 가지 못한다. 어머니의 하천, 즉 모천(母川)으로 돌아오는 연어의 행동에는 선택이 있을 수 없다. 마치 정해진 궤도를 따라 도는 행성의 움직임처럼 그들 또한 자신이 태어난 곳으로 돌아온다.

영화 〈아마겟돈〉 속의 소행성도 미리 결정된 궤도를 따라 움직인다. 또 소행성의 운동은 물리학의 법칙에 지배되고 결정된다. 그래서 과학자들은 1시간 후에 소행성이 어디를 지날지 예측할 수 있다. 물리학의 법칙 앞에 소행성은 자유가 없다. 소행성 앞에 놓여 있는 것은 이미 예측된 경로를 따라 움직여야만 한다는 냉혹한 물리 법칙일 뿐이다.

누군가가 우리에게 "당신은 이런 사람이므로 아마도 이런 상황에서 이렇게 행동할 것이다."라고 예측하면 우리는 일부러 다르게 행동하기도 한다. 누군가가 나의 행동을 예측한다는 것은 매우 기분 나쁜 일이고, 어떤 면에서는 자존심이 상하는 일이기 때문이다. 누군가에게 나의 마음을 들켰을 때를 생각해 보라. 나의 행동이 예측된다는 것은 기분 나쁜 일이다.

예측은 인간의 자존심을 구겨 놓지만, 과학자들은 점성술사들처럼 예측을 무기로 세상에 자신의 힘을 과시한다. 특히 생물학자들은 인간의 본성이 DNA에 의해서 결정되기 때문에 DNA를 알면 인간의 행동을 예측할 수 있다고 믿는다. 유전자는 수많은 염기 서열의 암호 기호로 된 정보이며, 이 정보가 바로 특정 표현 형질을 만들어 낸다고 하는 것이 유전자 결정론이다. 유전자에 의해 나타나는 우리의 외모뿐만 아니라 우리의 성격이나 성향도 바로 표현 형질이다. 그러니까 유전자 결정론이란 인간의 모든 생명 현상이 유전자에 의한 것이라는 생각이다.

그런데 영국의 과학 저널리스트 매트 리들리는 『본성과 양육』이란 책을 통해서 '유전자 결정론'을 비판한다. 유전자 하나가 특정한 표현 형질 하나를 만들어 낸다고 하는 생각은 지나치게 순진한 견해라는 것이다. 그렇다고 인간의 생명 현상이 유전자와 아무런 인과 관계가 없다는 말은 아니다. 단지, 유전자와 인간의 생명 현상은 그 관계가 매우 복잡하기 때문에 쉽게 단정 지을 수 없다는 것이 그의 주장이다.

그는 또 『게놈』이란 책에서 천식을 유발할 가능성이 있는 염색체는 무려 8개나 있다고 말한다. 즉, 하나의 유전자가 여러 형질에 관여할 수 있기 때문에, 하나의 유전자가 하나의 형질을 지배한다고 단정하는 것은 지극히 단순한 논리라고 비판한다.

예를 들어, 침실에 전등이 켜지지 않는다고 가정해 보자. 전구가 나갔을 수도 있고, 퓨즈 때문일 수도 있고, 스위치 고장일 수도 있고, 정전 때문일 수도 있다. 하지만 대부분 사람들은 지난번에 있었던 고장을 이번 고장의 원인으로 생각하곤 한다.

"이런! 또 전구가 나갔네. 전구 회사들, 도대체 제대로 만들기는 하는 거야?"

그런데 알고 보니 전구 때문이 아니라 스위치가 망가졌던 것이라면 당신은 자신의 예측이 잘못된 탐지였음을 인정할 수밖에 없다. 그러나 사실은 둘 모두가 고장 났던 것일 수도 있다. 이런 간단한 전기 장치도 이런데 복잡한 인체에서는 복합적 오류가 훨씬 더 많을 수밖에 없다.

어떤 사람들은 인간의 모든 생명 현상이 유전자에 의해서 결정된다고 생각하는 경향이 있다. 하지만 매트 리들리는 관여하는 유전자가 많을수록 생명 현상과 유전자의 연관성이 반복되기는 어렵다고 말한다. 우리의 몸에 어떤 질병이 생겼다고 해도 그것이 어떤 유전자 때문이라고 말하기 어렵다는 것이다. 특정한 유전자를 가지고 태어났다고 하더라도, 그가 어떤 환경에서 자랐느냐에 따라 그 유전자가 작동할 수도 있고, 작동하지 않을 수도 있다는 것이 매트 리들리의 주장이다.

인간은 자유를 원하지만 자유는 쉽게 얻을 수 있는 것이 아니다. 왜? 인간이 자유를 얻으려면 자유 낙하를 하는 물체처럼 외부로부터의 간섭이 없어야 하지만 인간은 끊임없이 간섭을 받는다. 공간의 제약을 받고, 시간의 제약을 받을 수밖에 없는 존재가 바로 인간이다.

공간과 시간의 제약을 받는다는 것은 육체적 한계만을 의미하지 않는다. 대한민국에서 태어난 사람은 대한민국이라는 문화와 전통의 영향 아래 있을 수밖에 없고, 이라크에서 태어난 사람은 이슬람의 문화나 전통과 무관할 수 없다.

문화와 전통은 우리의 심성을 변화시키는 것은 물론 우리의 식성까지도 변화시킨다. 가령 내가 김치를 좋아한다면 그것은 내 자유로운 의지에 의한 선택의 결과일까? 혹시 내가 다른 문화권에서 태어났더라도 여전히 김치를 좋아하고 있을까? 어떤 미국인이 자본주의를 최고의 제도라고 생각하는 것도 그가 미국에서 태어났기 때문은 아닐까? 그가 쿠바나 북한과 같은 사회주의 국가에서 태어났다고 하더라도 그는 여전히 자본주의를 최고의 제도라고 생각할 수 있을까?

이렇게 우리는 우리가 어디에서 태어났는가에 따라 사고의 영향을 받는다. 이 영향으로부터 자유로운 사람은 없다고 할 수 있다. 그러므로 우리의 자유는 어디까지나 상대적인 것이지 절대적인 것이라고 말할 수 없다.

기술은 인간의 자유를
증가시킬 수 있을까?

　자유를 알기 위해서는 먼저 부자유를 알아야 한다. 자기가 갇혀 있다는 사실을 모르는 사람은 자유를 꿈꿀 수 없다. 고려 시대 때, 최충헌의 노비였던 만적은 자신의 신분이 노비임을 깨달았기 때문에 "왕후장상의 씨가 따로 있는 것은 아니다."라고 말할 수 있었다. 왕이나 제후, 장수와 재상은 누구나 될 수 있는 것이지 운명에 의해서 결정되는 것이 아니라는, 당시에는 혁명적인 생각도 결국은 자신이 노비로서 자유롭지 못한 존재라는 각성에서 비롯된 것이다. 자유롭기 위해서는 내 몸을 묶고 있는 밧줄을 보아야 한다.

　그렇다면 내 몸을 묶고 있는 밧줄은 무엇인가? 먼저 그것은 육체의 한계다. 육체의 한계가 우리를 부자유스럽게 만든다. 날고 싶어도 날지 못하는 것은 인간의 근본적 한계라고 할 수 있지만, 뛰고 싶어도 뛰지 못한다면 문제가 아닐 수 없다. 산에 오르고 싶어도 건강이 허락하지 않아 산에 오를 수 없다면 우리의 자유는 그만큼 축소될 수밖에 없다. 내 의지대로 내 몸을 움직일 수 있는 자유, 그것은 건강에서 온다. 나의 의지에 따라 내 몸을 부려 쓰기 위해서 무엇보다먼저 필요한 것은 육체적 힘이고, 그 힘의 원천은 건강이다.

내 스스로 내 육체를 감당할 수 없을 때, 우리는 기술의 도움을받아야 한다. 휠체어도 기술이고, 자동차도 기술이다. 기술은 우리의 힘을 증가시켜 준다. 포클레인은 인간보다 훨씬 큰 힘으로 일을한다. 한 글자 한 글자를 베껴 써야 하는 수고로움을 대폭 줄여 주는 것이 복사기이고, 한 달 동안 걸어야 할 거리를 단 몇 시간에 도달하게 해 주는 것이 교통 기술이다. 이처럼 기술은 인간의 힘을 증가시킨다.

그러나 기술에 의존하는 삶이 자유로운 삶이라고 할 수는 없다.왜? 기술이 증가하면 그만큼 위험이 증가하고, 위험이 증가하면 자유는 축소되기 때문이다.

독일의 사회학자 울리히 벡은 『위험 사회』라는 책에서 현대 사회는 기술이 발전하면서 그만큼 위험도 증가했다고 말한다. 따지고보면, 울리히 벡의 주장은 사실 그렇게 어려운 이야기는 아니다.기술이 집중적으로 모인 곳이 도시다. 도시의 삶은 기술의 덕택으로 농촌이나 산속에 비해 훨씬 편리하다. 그 편리함을 즐기려고 도시에는 많은 사람들이 모여 산다.

그런데 이 거대한 도시에 지진이 일어났다고 가정해 보자. 지하에 묻혀 있던 가스관은 도시를 불바다로 만들 것이고, 막힌 하수관과 터진 상수도는 재앙을 연출할 것이 분명하다. 전기가 끊긴 밤의 도시는 그야말로 아수라장이 될 것은 불을 보듯 뻔하다.

그럼 도시보다 기술에 덜 의존하고 있는 산골 마을은 어떨까? 지진은 산골에도 피해를 주겠지만 도시만큼 커다란 재앙이 되지는 않는다. 도시에서는 전기가 끊기고, 가스관이 끊기면 여러 가지 곤란한 상황이 연출되지만, 산골은 애초부터 전기나 가스 같은 기술에 의존하지 않았기 때문에 지진으로 인한 위험은 도시에 비해서 상대적으로 줄어들 수밖에 없다.

몇 해 전, 수학 능력 시험 감독을 할 때의 일이다. 한 학생이 'OO 스퀘어'라고 하는 기기를 사용할 수 있게 해 달라고 내게 간청을 했다. 그 학생의 얼굴을 보니 상당히 절박한 눈치였다. 'OO 스퀘어'는 기억력 향상을 도와준다는 기기다. 실제 효과가 있는지는 알 수 없지만, 어떤 학생들은 이 기기 때문에 성적이 올랐다고 생각하는 듯했다. 문제는 그 기기에 지나치게 의존할 경우 부작용이 생길 수 있다는 것이다. 바로 앞에서 말한 학생이 그런 경우다.

어떤 것에 지나치게 의존하면 그만큼 우리의 자유는 축소된다. 가령 우리의 수출이 한 국가에 지나치게 집중되면, 우리의 경제는 그만큼 그 나라에 의존할 수밖에 없고, 그렇게 되면 우리는 그 국가에 대해 자유로운 의사 표현을 하기가 힘들어진다. 아이가 부모에게 의존할 수밖에 없다면, 그 아이는 자유로운 존재가 아니다. 자유는 의존성에서 벗어나는 독립을 의미하는 것이니까.

기술도 마찬가지다. 기술에 종속되고 얽매이면, 자유도 그만큼 멀어질 수밖에 없다. 'OO 스퀘어'를 사용하지 말라는 것이 아니다. 현대의 정보 기술, 컴퓨터를 멀리하라는 것도 아니다. 단지 그것에 종속되면 안 된다는 말이다. 얽매이면 자유는 멀어진다. 컴퓨터와 휴대 전화가 없으면 아무것도 못하는 일종의 '패닉' 상태에 빠지기보다는 기술이 없어도 느긋하게 상상에 잠길 수 있는 판타지 생성 능력, 다시 말해 상상력을 길러 보는 것도 하나의 대안이 될 수 있겠다.

사물에는 불변하는
본질이 있는 것일까?

내 몸을 묶고 있는 밧줄에는 또 무엇이 있을까? 사회적 편견도 나의 자유로운 행동을 얽어매는 밧줄이다. 남자는 이래야 한다, 여자는 저래야 한다는 성적인 편견은 어떤가? 남자는 태어나 세 번만 울어야 한다는 식의 편견은 심리적 중압감으로 작용하지 않던가? 억누르면 병이 되는 것이 심리학의 법칙이다. 울고 싶을 때 실컷 울지 않으면 마음의 병이 될 수 있다. 사회적 편견에 사로잡히면 나의 감정을 억압할 수밖에 없다.

여자도 마찬가지다. 스트레스가 쌓이면 치고 달리고 받을 수 있는 것이 남녀를 떠나 사람의 마음이다. 여자라고 해서 과격한 운동을 하면 안 된다는 것은 편견에 불과하다. 물론 신체적 능력에서 여자와 남자가 차이가 날 수가 있다. 가령 공간을 지각하는 능력은 평균적으로 남성들이 여성들에 비해서 뛰어나다. 그러나 여성들의

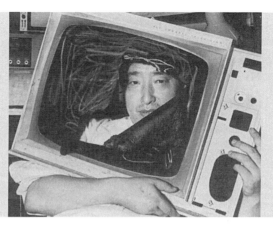

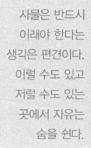

사물은 반드시
이래야 한다는
생각은 편견이다.
이럴 수도 있고
저럴 수도 있는
곳에서 자유는
숨을 쉰다.

1/4은 남성들의 1/2보다 공간 지각 능력이 뛰어나므로 공간 지각 력을 필요로 하는 분야, 이를테면 비행기 조종 분야를 남자가 독점 해야 한다는 논리는 성립할 수가 없다. 성차를 근거로 여자들이 할 일과 남자들이 할 일을 구분하는 것은 이미 오래전에 낡은 생각이 되어 버렸다.

그러나 대한민국에서 전통적인 성별 의식이 완전히 사라져 버렸 다고 할 수 없다. 남자는 의리와 우정을 중시하는 '사나이'고 여자는 변덕과 질투가 심한 '변덕쟁이'라는 생각도 우리 사회에 완강하게 뿌리박고 있는 것이 현실이다. 아무런 합리적인 근거도 없이 우리 의 사고를 조정하는 것, 그것이 편견이다.

일상에서 편견을 '발견'하는 것은 그리 어려운 일이 아니다. 누군 가의 말을 듣고 답답함을 느꼈다면, 그 답답함이 어디에서 비롯된 것일까를 생각해 보라. 노인은 이래야 하고, 젊은이는 저래야 한다 는 것도 일종의 편견일 수 있다.

사물에 정해진 본질은 없다. 그러나 어떤 사람들은 사물의 본질을 필요 이상으로 강조한다. 가령 컴퓨터는 '본질적으로' 정보 기기이고, 정보 기기는 정보를 얻고 저장하고 활용하기 위한 것이지 오락을 위한 도구가 아니라고 주장하기도 한다. 그러나 백남준이라는 세계적인 아티스트는 컴퓨터를 이용해 멋진 비디오 아트의 세계를 열지 않았던가.

사물은 반드시 이래야 한다는 식의 생각은 편견이다. 이럴 수도 있고 저럴 수도 있는 곳에서 자유는 숨을 쉰다. 그 자유가 억압되면 백남준 같은 예술가는 태어날 수 없다.

특정한 사물에는 특정한 본질이 있다고 여기는 것도 일종의 편견이다. 톱은 나무를 자르는 연장일 수도 있지만, 쓰기에 따라서 악기로도 변용할 수 있다. 톱에 불변하는 본질이 있는 것이 아니기 때문이다.

사물을 어떤 곳에 어떻게 배치하느냐에 따라 본질이 바뀐다. 톱을 작업장에 배치하면 연장이 되지만, 악보와 함께 배치하면 악기가 된다. 골키퍼라고 해서 골문만 지키라는 법은 없다. 프리킥을 얻은 상황에서 골키퍼가 골문을 비워 둔 채 공격에 가담한다고 해서 이상할 게 없다. 이렇게 해서 골을 넣는 경우도 많다. 칼이라는 주방 도구가 '난타'의 공연장에서는 멋진 타악기가 되지 않던가. 공연 '난타'는 칼이 주방 도구라는 편견을 멋지게 비웃고 있다.

모든 욕망이
다 나쁜 것일까?

'왜 그때 좀 더 냉정하지 못했을까?'

'왜 그때 좀 더 이성적으로 행동하지 못했을까?'

고민하는 사람들, 그들의 행동을 구속하는 것은 외부의 억압이 아니라 그들 내부의 욕망이다. 물론 욕망이 나쁜 것은 아니다. 식욕이 없으면 개체가 보존될 수 없고, 성욕이 없으면 종족이 보존될 수 없다. 식욕과 성욕은 개체와 종족 보존의 에너지라고 말할 수 있다. 좀 더 편리하고자 하는 욕망이 기술을 낳았다고 할 수 있으니, 욕망은 기술 발전의 원동력이기도 하다. 또한 좋은 인격은 건전한 욕망을 품는 데서 비롯되기도 한다.

그러나 어떤 욕망은 우리의 이성을 흐리게 한다. 남의 물건에 손을 대는 사람, 남을 해치는 사람도 자신이 무엇을 잘못했고, 왜 벌을 받아야 하는지 잘 알고 있다. 그럼에도 그들이 옳은 선택을 할 수 없었던 것은 욕망 때문이다.

욕망은 두 개의 얼굴을 가지고 있다. 돈을 벌기 위해 수단과 방법을 가리지 않는 사람의 욕망이 있는가 하면, 누군가를 위해 봉사하고 싶다는 생각을 가진 사람의 욕망도 있다. 불후의 명작을 창작해 보겠다는 예술가의 욕망도 있고, 손쉽게 남의 창작물을 베끼려는 욕망도 있다. 다시 말해서 욕망에도 여러 가지 모양새와 등급이 있다는 이야기다. 이 욕망의 모양새와 등급을 본격적으로 이야기한 사람은 에이브러햄 매슬로우였다.

매슬로우는 인간의 욕망에 관해 최초로 학문적인 연구를 시도한 사람이다. 그는 인간의 욕구를 5가지 단계로 나누고, 거기에 등급을 매겨 인간 각각의 욕망이 다른 어떤 욕망에 의해 지배를 받는지에 관한 이론을 제시했다. 매슬로우가 주창한 '욕망의 단계 이론 Hierarchy of Needs'이 무엇을 말하고 있는지 구체적으로 알아보자.

1단계는 '생물학적 Physiological' 욕구의 단계다. 인간의 가장 기본적인 욕구는 배고픔을 해결하기 위한 것이다. 성적인 욕망도 이 단계에서 매우 중요한 부분을 차지한다. 동양의 고전 『관자(管子)』의 〈목민편(牧民篇)〉에는 '의식족즉지영욕(衣食足則知榮辱)'이라는 구절이 있다. 입고 먹는 것이 풍족해야 영욕(榮辱)을 안다는 뜻으로 생활의 안정이 있어야만 도덕과 예절을 알게 된다는 말이다. 인간이 인간됨의 도리를 다하기 위한 기본적인 전제 조건이 의식주의

해결이라는 것이다.

2단계는 '안전Safety'에 대한 욕구다. 눈앞으로 날아오는 돌을 피하는 것은 동물의 본능이다. 낭떠러지 앞에서 몸을 움츠리게 되는 것도 동물의 본능이다. 누구나 위험으로부터 벗어나고 싶은 욕구를 갖고 있다. 여기에서 말하는 위험에는 단순히 물리적이나 생리적인 위협뿐만 아니라, 감성적·심리적 스트레스도 포함된다. 주변에서 위협을 느끼거나 심리적으로 압박을 받고 있다면, 사람은 자신의 욕구를 충족하지 못한다. 동물들이 더 나은 보금자리를 원하는 것도 그것이 자신의 안전을 지켜 주리라는 무의식적 계산에서 온다.

3단계는 '사회적Social' 욕구다. 누군가에게 소속되고 싶은 욕구, 애정을 받고 싶은 욕구가 사회적 욕구에 해당한다. 사람은 기본적으로 다른 사람들의 관심과 애정을 필요로 한다. 가족이나 집단, 사회로부터 충분한 소속감과 안정감을 받지 못하면, 그 사람은 심리적 결핍 상태에 빠지게 되고, 일을 하거나 능력을 발휘하는 데 있어 많은 지장을 초래하게 된다.

생각해 보자. 만약 어떤 사람이 사업에 성공해 명성과 권력을 획득했다 할지라도 가족으로부터 따돌림을 받는다면 그는 진정으로 행복한 사람이라고 할 수 없을 것이다. 자기 혼자 행복할 수는 없다. 행복은 타인과의 관계에서 온다. 어떻게 타인과 좋은 관계를 맺는가는 행복을 결정짓는 중요한 요소임에 틀림이 없다.

4단계는 '존경 Esteem'에 대한 욕구다. 사람들은 누구나 다른 이들로부터 존경과 칭찬, 그리고 능력을 인정받고 싶어 한다. 이런 욕구가 충족되지 못하면, 자기 비하나 패배주의에 빠지고 열등감에 시달리게 된다. 매슬로우는 바로 이 4번째 단계 욕망의 결핍이 모든 심리적 문제의 출발점이라고 보았다. 또한 인간은 자긍심이 충족되지 않으면, 동기 형성에 큰 장애를 겪는 것은 물론이고 심한 경우 정신적인 장애까지 겪는다고 설명했다.

5단계는 '자아실현Self-Actualization'에 대한 욕구다. 자아실현은 인간이 추구하는 최상위의 욕망으로, 자기 개발과 목표 성취를 위해 끝없이 노력하는 자세를 말한다. 이 욕망이 부여되면 사람들은 자신을 개발하고 자신의 가능성을 현실화하기 위해 최선을 다하게 된다.

사람은 일단 주변에 먹을 것이 충분하면 그 다음엔 심리적 · 육체적 안전을 생각하게 되고, 몸의 안전을 보장받게 되면 그 다음엔 사회적 욕구를 채우기 위해 움직인다. 마찬가지로 사람이 충분한 자긍심을 느끼게 되면 이는 곧바로 그 상위 단계인 자아실현의 욕구로 이어지게 된다.

또한 매슬로우는 다섯 가지 욕구를 크게 '저위 욕구'와 '고위 욕구'로 나누었는데 생리적 욕구와 안전 욕구를 포함하는 저위 욕구는 주로 외부 요인임금 · 고용 기간 등을 통해 충족되는 반면, 나머지 상위의 세 욕구를 포함하는 고위 욕구는 자신의 내부 요인에 의해 충족되는 차이가 있다고 말했다.

그는 또 자아실현 욕구가 다른 네 가지 욕구와 여러 면에서 다른 점이 있다고 보아 자아실현 욕구를 '성장 욕구Growth Needs', 나머지를 '결핍 욕구Deficiency Needs'로 구분하면서, 전자는 무엇인가 결핍되어서라기보다는 성장하고자 하는 욕구인 반면, 후자는 무엇인가 부족하기 때문에 느끼는 욕구라고 주장하였다.

하위의 욕구를 가진 사람들보다 상위의 욕구를 가진 사람들이 많은 사회가 바람직한 사회다. 이른바 선진국은 먹고사는 문제가 해결된 사회, 즉 하위의 욕구가 충족된 사회이고, 후진국은 하위의 욕구가 제대로 충족되지 않은 사회다. 따라서 그런 곳에서는 민중들의 의식주를 해결하는 것이 위정자들의 일차적 의무다.

가정으로 범위를 줄이면, 가장은 식솔들의 의식주를 해결할 의무가 있다. 그러나 의식주만 해결한다고 해서 가장의 노릇을 다하는 것은 아니다. 가장은 가족 구성원들이 소속감을 느낄 수 있도록 사랑으로 보살펴야 할 의무를 지닌다. 부모의 사랑스러운 보살핌 속에서만 자식들은 정서적 안정감을 느낄 수 있다. 정서적으로 안정된 사람만이 자기를 존중할 수 있고, 사회적으로도 인정받을 수 있다.

그러나 사회적으로 인정받으려는 욕구는 자칫 그릇된 명예욕과 권력욕으로 변질되기도 한다. 채만식의 소설 『태평천하』를 상기해보라. 주인공 윤 직원은 신분 상승에 대한 야망을 가진 인물로 그려져 있다. 윤 직원에게는 부의 축적과 가문의 영달 이외에는 관심이

3 욕망과 자유

없다. 재산을 지키는 가장 확실한 방법은 혼인 관계를 통해서 양반과 인연을 맺거나 집안에서 직접 양반을 배출하는 것이라고 결론을 내리고, 며느리나 손자며느리를 양반 가문에서 고른다. 또 양반의 신분을 유지하기 위해 족보를 만들어 내기도 하고, 자손을 동경까지 유학을 보낸다. 타인이야 죽든 살든 나만 잘되면 그만이라는 윤 직원의 생각은 가족까지 얽맨다. 이렇게 좋은 세상에, 왜 사회주의 운동을 해서 집안을 망치려 드느냐는 것이 손자들에 대한 윤 직원의 호통이다.

윤 직원에게 중요한 것은 타인으로부터 인정받고 싶은 욕구다. 타인에게 인정받으려면 재산이 있어야 하고 지위가 있어야 한다는 것이 윤 직원 영감의 판단이다. 수단과 방법을 가리지 않고 재산과 명예를 증식시키려는 욕망, 바로 그것이 윤 직원의 욕망인 것이다. 그 욕망이 윤 직원의 눈을 어둡게 해서 식민지의 현실을 '태평천하'로 잘못 인식하게 했다.

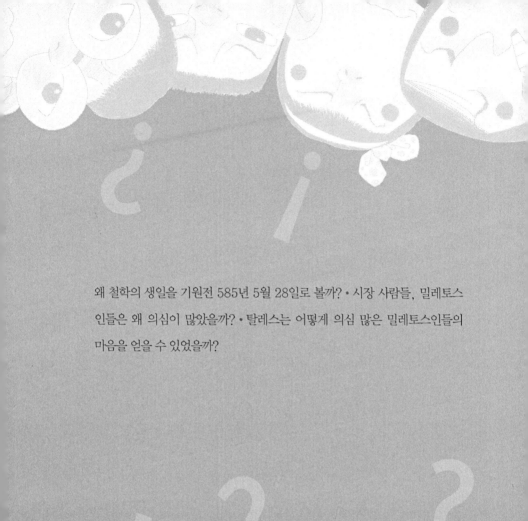

왜 철학의 생일을 기원전 585년 5월 28일로 볼까? · 시장 사람들, 밀레토스
인들은 왜 의심이 많았을까? · 탈레스는 어떻게 의심 많은 밀레토스인들의
마음을 얻을 수 있었을까?

철학과 의심

4

왜 철학의 생일을
기원전 585년 5월 28일로 볼까?

어떤 역사가가 "철학은 기원전 585년 5월 28일에 태어났다."라
고 말했다. 도대체 기원전 585년 5월 28일이 어떤 날이었길래 그
날을 철학의 생일로 본 것일까?

정답부터 말하자. 그날은 탈레스가 일식을 예언한 날이다. 여기
서 다시 의문이 든다. 대체 일식과 철학이 무슨 상관이 있어서 일식
을 예언한 날을 철학이 시작된 날로 보는 것일까?

누군가는 이런 질문을 던질 수도 있다.

"어떤 사태를 예견하는 사람을 철학자라고 한다면, 미래를 예견
하는 점쟁이들도 철학자라고 할 수 있지 않을까?"

학급에 자꾸 사고가 일어난다. 어떤 아이는 팔목을 삐고, 어떤
아이는 다리가 부러지고, 어떤 아이는 부모님이 교통사고를 당한

탈레스가 살았던 시대는 점쟁이의
권위가 살아 있던 시대였다.
다시 말하면 '신화적 사고방식'이
의심 없이 받아들여졌던 시대였다.

다. 만약 선생님 중에 점을 치는 분이 계셔서 사태의 원인에 대해
이렇게 말했다고 해 보자.

"동티 땅·돌·나무 따위를 잘못 건드려 지신(地神)을 화나게 하여 재앙을 받는 일. 또는 그 재앙가 났
다. 너희들 중 어떤 녀석이 학교 감나무 가지를 부러뜨리는 바람에
감나무의 신령이 노해서 그런 것이다. 모두들 감나무 앞으로 달려
가 백 번 절을 해라."

과연 감나무 앞에서 백 번 절을 한다고 해서 사태가 해결될까? 천
만의 말씀이라고 여러분은 콧방귀를 낄 것이다. 왜? 다리가 부러지
는 것과 감나무 가지를 부러뜨린 것은 아무 상관이 없다는 것을 잘
알고 있기 때문이다. 점쟁이 선생님은 어떤 합리적인 설명도 할 수
없다. 설명이 안 되는 사실을 믿는 바보는 없다. 그러나 점쟁이 선

생님이 엄청난 권위를 가진 사람이라면 다르다. 옷도 괴상하게 입고, 눈빛도 예사롭지 않고, 말하는 것도 다르고, 예전에 무엇인가를 예언했는데 그것이 들어맞았던 적이 있다면 상황이 달라진다. 더구나 학생들의 합리적인 판단 수준이 떨어진다면 상황은 더 복잡해진다.

탈레스가 살았던 시대는 점쟁이의 권위가 살아 있던 시대였다. 다시 말하면, '신화적 사고방식'이 의심 없이 받아들여졌던 시대였다. 천둥이나 가뭄은 신의 노여움이 드러난 것이라는 생각이 신화적 사고다. 천둥이 어떻게 신의 노여움과 관련이 있는지 합리적으로 증명할 길은 없다. 신화는 사물에 대한 설명이기 이전에 사물에 대한 심리적 믿음이기 때문이다.

"바닷물은 왜 짠가?"
"바닷물이 짠 이유는 소금을 만드는 맷돌을 실은 배가 바다에 빠져 맷돌이 바닷속에서 끊임없이 돌고 있기 때문이다."

이런 설명 방식, 바로 이것이 신화적으로 세상을 설명하는 방식이다. 천둥이 치고 번개가 일면 고대인들은 하늘이 화가 난 것이라고 생각했다. 이처럼 고대인들은 의인화된 방식으로 세계를 바라보는 사고방식을 가지고 있었다. 목이 마르면 물을 찾는 것이 사람이다. 자연도 마찬가지라고 생각했다. 자연 또한 목말라 하기도 하고, 화도 낸다는 것이 고대인들의 생각이었고, 이러한 생각을 정교하게 가다듬은 것이 바로 신화라고 할 수 있다. 신화는 고대인들의 생각을 지배했다.

과학을 배우는 요즘에는 유치원생들도 맷돌이 바닷물을 짜게 한다는 말을 곧이곧대로 믿지 않는다. 그러나 합리적인 사고방식이 결여되었던, 다시 말해 신화적 사고방식에 물들어 있었던 고대인들은 오늘날의 학생들처럼 의심이 많은 사람들이 아니었다. 그들은 어른이나 선생님이 하시는 말씀을 믿었고, 그 말씀은 권위를 가졌다. 그 말씀은 전통에서 오는 것이었고, 전통은 의심할 수 없는 것이었기 때문이다. 당시에는 신화라고 하는 전통적 믿음이 강력하게 뿌리내리고 있던 시대였다.

시장 사람들,
밀레토스인들은
왜 의심이 많았을까?

탈레스가 태어난 밀레토스는 시장이 형성되기 좋은 조건을 지진 곳이었다. 강이 있어 교통이 편리했다는 것이 가장 큰 이유였다. 교통이 편리하면 여러 곳의 물건이 모이기 쉽다. 바로 이런 곳에 시장이 들어선다. 밀레토스인들은 내륙에서 나온 원료들을 가공해 팔거나 포도주와 올리브기름과 같은 고급 농작물을 되파는 중계 무역에 종사했다.

지중해의 상선들이 밀레토스로 모여들었다. 물건이 모이면 사람이 모이고, 사람이 모이면 이야기가 모인다. 그것도 여러 지방에 살던 사람들의 이야기가 한데 모인다. 이렇게 많은 사람들의 이야기가 모이면 내용이 꼬이기 십상이다. 왜 그럴까? 한 사람의 생각과 다른 사람의 생각이 맞서기 때문이다. 타임머신을 탔다고 가정하고 현장으로 가 보자.

한 사람이 바다가 짠 이유를 거대한 맷돌 이야기로 설명한다. 조그만 마을에서는 '맷돌 이야기'가 통했을지 모르지만, 시장에서는 상황이 다르다. 이곳저곳에서 수많은 사람들이 의심의 귀를 쫑긋 세우고 있기 때문이다. 그들은 세상의 이치에 대한 생각이 저마다 다르다.

"바닷물이 맷돌 때문에 짜다고? 천만에! 바닷물이 짠 것은 신의 눈물인 빗물이 스며들었기 때문이야."

이렇게 반박하는 사람도 있을 수 있고,

"바닷물이 짠 건 육지에 있는 소금 바위가 빗물에 녹아 강으로 흘러들고, 강으로 흘러든 물이 바다에 당도하니 바닷물이 짠 거라네."

이렇게 반박하는 사람도 있을 수 있다. 시장에 모이는 사람들은 저마다 출신이 다르다 보니 문화나 관습도 다르다. 그러니 생각 또한 제각각일 수밖에 없다.

만약 힘이 센 사람이 있어 겁을 준다면 찍소리도 내지 않고 그의 말을 믿는 척이라도 하겠지만, 시장을 움직이는 힘은 육체의 힘이 아니라 거래에서 얻는 이익이다. 시장은 하나의 믿음이 절대적인 권위를 가질 수 없는 곳이다. 시장은 흥정을 위해 끊임없이 대화가 오가고, 이야기가 거래되고, 사람들의 견해와 믿음이 교환되는 곳이다.

이처럼 무수한 말들이 오가는 곳에서 무엇을 어떻게 선택해야 하는가? 이것이 시장에 모인 사람들이 공통으로 갖고 있는 문제다. 어떤 사람은 이런 이야기를 하고, 어떤 사람은 저런 이야기를 한다. 대체 누구의 말을 믿어야 할까? 혼란스럽기 그지없다.

그러나 시장은 또 이런 혼란을 자연스럽게 해결하는 기능을 갖고 있기도 하다. 신뢰와 믿음이 그것이다. 어떤 물건을 사야 할지 모르겠다면, 평소 신뢰를 쌓은 상인에게서 가장 괜찮아 보이는 물건을 사면 된다. 그런데 가장 그럴듯하게 말하는 사람의 말을 믿고 물건을 샀다가 그 물건이 '짝퉁'이라면 큰 손해가 난다. 하지만 가짜, 소위 '짝퉁'이 시장에서 오래 살아남지는 못한다. 왜일까? "그 물건 엉터리더라." 하는 입소문이 나면 아무도 그 상품을 사지 않을 테니까 말이다. 즉, 시장은 신뢰를 바탕으로 하며, 신용을 잃으면 누구도 시장에서 버틸 수 없다.

그렇다면 시장에서 어떤 물건과 어떤 믿음이 엉터리가 아닌, 가장 그럴듯한 것, 가장 신용도가 높은 것이 될 수 있을까? 달리 말해서 가장 경쟁력이 있는 상품, 가장 신뢰할 만한 믿음은 어떤 것일까? 답은 간단하다. 가장 많은 사람들이 사는 상품, 가장 많은 사람들의 지지를 받는 믿음이 그것이다.

자, 그럼 의심 많은 밀레토스인들의 지지를 받은 것이 무엇인지 살펴보도록 하자.

탈레스는 어떻게
의심 많은 밀레토스인들의
마음을 얻을 수 있었을까?

수학사를 다룬 많은 책에서 탈레스가 피라미드의 높이를 정확하게 쟀다는 사실을 소개하고 있다. 피라미드의 높이를 신화적 사고 방식으로 잴 수 있을까? 절대 권력을 갖고 있던 제사장도 불가능하다. 그가 말할 수 있는 방식이란 기껏해야 "피라미드의 높이는 신의 키와 같다. 왜냐하면 신께서 내게 그렇게 말씀해 주셨기 때문이다." 같은 뜬구름 잡는 이야기에 불과할 것이다.

점쟁이, 곧 제사장이 최고의 정치 권력자였던 고대의 제정일치 사회에서는 이런 '구라'가 먹혔을지도 모른다. 그러나 여기는 시장이다. 씨도 안 먹히는 허튼소리를 했다가는 면상으로 주먹이 날아들지도 모른다. 비난받기 싫으면 침묵해야 한다. 어떤 주장을 하기 위해서는 신뢰할 수 있는 근거를 대야 한다.

"해결할 자신이 있는 자가 나서라. 문제를 풀 수 없다면 각오하는 게 좋을 것이다."라는 호령에 모두들 멈칫하고 있을 때, "내가 해결하겠소."라고 말한 사나이가 있다. 그가 바로 탈레스다.

탈레스는 이집트의 왕 파라오에게서 피라미드의 높이를 측정해 달라는 주문을 받는다. 지금이라면 고등학생도 뚝딱 해결할 수 있는 문제지만, 탈레스가 살았던 시대는 아직 수학이 발달하지 못한 때였다. 사람들은 탈레스가 피라미드 높이를 구하기 힘들 거라고 생각했다.

그런데 탈레스는 채 하루도 걸리지 않아 피라미드의 높이를 정확하게 측정했다. 탈레스가 키가 큰 거인이었다면 기다란 줄자를 가지고 직접 잴 수 있었을 테지만, 불행하게도 탈레스는 2미터도 안되는 인간이었다. 그는 직접 잴 수 없다면 다른 도구로 바꿔 문제를 해결하자고 생각했다. 그것이 바로 바꿈, 즉 '치환'의 지혜다. 그는 피라미드의 그림자와 막대의 그림자를 각각 재서 비례식으로 피라미드의 높이를 구했다.

참, 기가 막히고 코가 막힐 일이다. 굉장하다. 이런 탈레스를 신뢰하지 않을 사람이 있을까. 물론 있을 수 있다. 아마도 그들은 점쟁이의 방식을 따르는 비합리적 믿음을 가진 사람들이었을 것이다. 하지만 밀레토스에는 그런 무지한 사람들이 많지 않았다. 시대는 변했고, 사람들은 영리해졌기 때문이다.

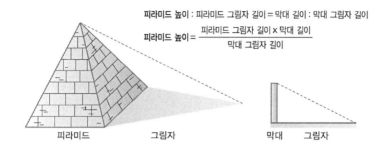

피라미드 높이 : 피라미드 그림자 길이 = 막대 길이 : 막대 그림자 길이

$$\text{피라미드 높이} = \frac{\text{피라미드 그림자 길이} \times \text{막대 길이}}{\text{막대 그림자 길이}}$$

피라미드　　　　그림자　　　　　막대　　그림자

의심하지 않으면 손해를 본다. 그래서 시장은 의심이 많은 곳이다. 밀레토스가 그런 곳이었다. 밀레토스에서의 답은 "동티가 났으니 감나무 앞으로 달려가 백 번 절을 하라." 같은 점쟁이 선생님의 방식과는 달라야 했다. 탈레스의 설명은 군말을 하지 않아도 고개가 끄덕여진다. 들어 보니 그럴싸하기 때문이다. 바로 이 그럴싸한 방식에 사람들은 믿음을 보냈다. 가급적이면 많은 사람의 신뢰를 얻을 수 있는 합리적인 체계를 만드는 것, 바로 그것이 철학이다. 그런 점에서 탈레스는 많은 사람들의 동의를 이끌어 낸 최초의 철학자였다.

시장에서 구매자들의 마음은 언제든 바뀔 수 있다. 선거에 참여하는 유권자들의 마음도 마찬가지다. 신뢰할 수 있는 물건과, 신뢰할 수 있는 후보에게 구매자와 유권자의 마음이 쏠리기 마련이다. 유권자의 마음을 사로잡을 수 있는 믿음의 체계를 만드는 것, 그것이 철학이다.

물론 다수결로 어떤 것이 진리임을 증명할 수는 없다. 예를 들어, 수학 문제의 답을 다수결로 정하는 것은 가능하지 않다. 왜 사는가에 대한 물음을 다수결로 해결하는 것도 어리석은 일이다. 다수결은 결코 문제 해결 방식이 되지 못한다. 중요한 것은 얼마나 많은 사람들이 어떤 이론을 신봉하고 있느냐가 아니라, 그 이론이 이치에 닿느냐, 혹은 닿지 않느냐 하는 것을 판별하는 힘이다. 그러기 위해서는 각기 다른 믿음을 가진 사람들이 모여야 하고, 그럴 때 좀 더 합리적인 결론을 이끌어 낼 수 있다.

그런 집합의 장소를 대신하는 것이 바로 시장이다. 우리는 이 시장에서 내가 옳으니, 네가 그르니 하는 갑론을박(甲論乙駁)의 서바이벌 게임을 벌인다. 그리고 대개는 시장에서 살아남는 의견이 더 합당할 때가 많다. 왜? 흥정이란 가치를 재고 따지는 과정이기 때문이다.

밀레토스는 어땠을까? 신화적 방식보다 탈레스의 설명 방식에 더 많은 사람들이 표를 던졌다고 할 수 있을까? 타임머신을 타고 가 보지 않는 이상 알 수 없다. 어쩌면 탈레스의 방식을 비웃는 사람이 더 많았을지도 모른다. 시대는 여전히 신화의 그늘 아래 있었고, 과학은 그리 발달하지 못했으니까.

그러나 이런 의문을 던져 볼 수는 있다. 사람들의 왕래가 드문 곳과 많은 사람들이 모여 북적거리는 시장, 두 곳 중에서 어떤 곳이 탈레스의 설명에 대해 좀 더 깊은 고민을 했을까?

사람이 드문 곳은 의사 개진이 쉽지 않다. 그런 곳에서는 보수적인 믿음이 권력을 유지한다. 인구 밀도가 낮은 곳에서는 의사소통이 활발할 수가 없고, 의사소통이 활발하지 않은 곳에서는 의심이 싹틀 수 없다. 또한 의심이 싹트지 않는 곳에서는 미신적 사고를 거부감 없이 받아들인다.

그러나 시장은 다르다. 가장 좋은 것을 고르려는 생각이 분주하게 작동하는 곳이 시장이다. 의심하는 곳, 질문을 던지는 곳, 그곳이 시장이다. 이렇게 본다면 탈레스의 지지자들은 사람이 드문 곳보다는 시장에 더 많았을 것이 틀림없다. 의심이 자라나는 곳, 의사소통이 가장 활발한 곳이 시장이고, 철학이 이런 시장에서 태어나는 것은 너무도 자연스럽다. 철학은 의심의 아들이고, 시장의 아들이다.

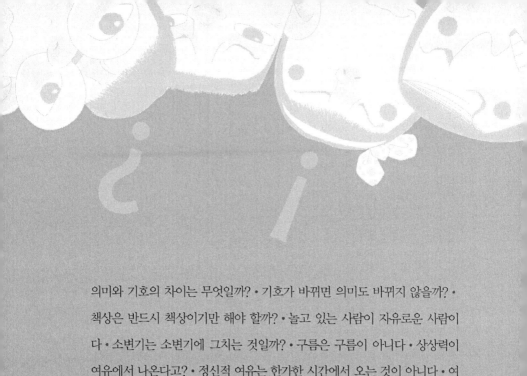

의미와 기호의 차이는 무엇일까? • 기호가 바뀌면 의미도 바뀌지 않을까? •
책상은 반드시 책상이기만 해야 할까? • 놀고 있는 사람이 자유로운 사람이
다 • 소변기는 소변기에 그치는 것일까? • 구름은 구름이 아니다 • 상상력이
여유에서 나온다고? • 정신적 여유는 한가한 시간에서 오는 것이 아니다 • 여
유는 멈춤의 지혜다

의미와 기호의
차이는 무엇일까?

　페터 빅셀은 『책상은 책상이다』라는 소설을 썼다. 책상은 책상이
라고? 그걸 누가 모르나? 나무는 나무고, 꽃은 꽃이고, 벌은 벌이
라는 말은 누구나 할 수 있다. 그런데 왜 그는 삼척동자도 알 만한
뻔한 소리를 했을까?

　소설 속의 주인공은 '책상을 왜 꼭 책상이라고만 불러야 하나, 다
른 이름으로 부를 수도 있지 않나?' 하는 의문을 제기한다. 그리고
책상을 다른 이름으로 바꿔 부르기 시작한다. 물론 책상을 의자라
부른다고 해서 갑자기 책상이 의자의 기능을 하는 것은 아니다. 무
어라 부르든 책상은 책상일 뿐이다. 현실에 존재하는 '구체적인 물
체로서의 책상'을 '의미'라고 하고, 그것을 부르는 '이름으로서의 책
상'을 '기호'라고 해 보자. 이때 의미와 기호는 필연적인 관계가 아
니다.

사춘기 철학 교과서

의미와 기호가 필연적이라면 '구체적인 물체로서의 책상'을 반드시 '책상'이라고 불러야 한다. 그러나 영어권의 사람들은 그것을 'desk'라고 한다. 의미와 기호가 필연적이 아니기 때문이다. 우리도 '책상^{의미}'을 2,000년 전이나 3,000년 전에도 지금처럼 '책상^{기호}'이라고 불렀을지는 의문이다. 이 역시 의미와 기호의 관계가 필연적 관계가 아니라는 것을 의미한다.

'돌'을 반드시 돌이라고 이름 붙일 필연성도 없다. 영국에서는 돌을 'stone'이라고 하지 않던가. 여러분이 새로운 국가를 세운다면 '돌'을 '금'이라고 해도 상관이 없다. 모든 국민이 '돌'을 '금'으로 알아듣기 때문에 의사소통에 전혀 지장이 없을 테니까.

의미와 기호의 이런 관계를 '자의적(恣意的) 관계'라고 한다. '자의(恣意)'는 '멋대로' 혹은 '뜻대로'라는 의미다. 그러니 누구나 기호를 마음대로 바꿔 부를 수 있다. '김보일'을 인터넷 공간에서는 '시저'라 부를 수도 있고, '터프가이'라 부를 수도 있는 것처럼 말이다. 인터넷에서 '아이디'나 '닉네임'은 얼마든지 바꿀 수가 있다. 이것이 바로 기호와 의미 관계에 있어서의 '자의성'이다.

그러나 기호, 즉 아이디나 닉네임이 바뀐다고 해서 의미, 즉 '내 자신'이 바뀐다고 할 수 있을까? 그렇지 않다. 아이디가 바뀌고 닉네임이 바뀌어도 여전히 '나'는 '나'다. 수많은 인터넷 사이트에서 수많은 아이디나 닉네임을 만들어도 그것들이 가리키는 의미나 대상은 '나'다. 다시 말하면 기호가 바뀌어도 의미는 변하지 않는다.

기호가 바뀌면
의미도 바뀌지 않을까?

앞에서 기호가 바뀐다고 해도 의미는 바뀌지 않는다고 했다. 가령 한 인터넷 카페에서는 '터프가이'라는 닉네임을 쓸 수 있고, 또 다른 인터넷 카페에서는 '양 치는 목동'이라는 닉네임을 쓸 수 있다. 또 다른 카페에서는 '구라왕창'이라는 닉네임을 쓸 수도 있으며, 특정 종교 카페에서는 '할렐루야'라는 닉네임을 쓸 수도 있다. 물론 그 닉네임이 가리키는 의미나 대상은 언제나 '나'다. 그러니 기호가 달라져도 의미나 대상은 달라지지 않는다고 할 수 있다.

하지만 곰곰 생각해 보자. 기호가 바뀌어도 의미는 그대로일 수 있을까? 닉네임이 달라지면 나의 행동도 달라지지 않을까? '터프가이'로 불릴 때의 나와, '양 치는 목동'으로 불릴 때의 내가 같다고 할 수 있을까? 또 '구라왕창'이라고 불릴 때의 나와, '할렐루야'로 불릴

시인은 말하고 있다.
'나의 이 빛깔과 향기에
알맞은' 이름을 불러 달라고……

때의 내가 같다고 할 수 있을까? '터프가이'로 불릴 때의 나의 행동은 활달하고 거침이 없지만, '양 치는 목동'으로 불릴 때의 나의 행동은 좀 부드럽고 온순하지 않을까? 마찬가지로 '구라왕창'으로 불릴 때의 나는 다소 엉뚱하고 기괴한 행동을 할 수 있지만, '할렐루야'로 불릴 때의 나는 조용하고 사색적인 사람처럼 행동하게 되지 않을까?

즉, 어떻게 불리느냐에 따라, 즉 기호가 달라짐에 따라 우리의 행동이나 마음가짐도 달라질 수 있다는 것이다. 다시 말해 의미도 달라질 수 있다.

다음은 김춘수의 시, 〈꽃〉의 일부다.

내가 그의 이름을 불러 준 것처럼

나의 이 빛깔과 향기에 알맞은

누가 나의 이름을 불러다오

그에게로 가서 나도

그의 꽃이 되고 싶다

시인은 말하고 있다. '나의 이 빛깔과 향기에 알맞은' 이름을 불러
달라고…….

누구나 실상에 맞는 제대로 된 이름을 가져야 한다. 못된 짓을 하
면서 '할렐루야'라는 아이디를 내세우는 것은 기만이다. 소극적이고
수동적인 성격을 가진 아이가 '터프가이'란 아이디를 쓰는 것 역시
어울리지 않는다. 싸구려 운동복을 파는 가게의 이름을 우아하다는
뜻을 가진 '엘레강스'라고 붙이는 것 또한 우스꽝스럽지 않은가.

여러분이 분식집을 차리면서 간판에 '고품격 전문 이태리 식당'이
란 이름을 붙일 수는 있다. 이것은 약간의 애교가 섞인 문구다. 그
런 간판을 달았다고 해서 왜 고급 이태리 음식을 팔지 않느냐고 항
의할 사람은 없을 것이다. 식당을 낸 주인도, 오는 손님도 이런 간
판이 조금쯤 장난스러운 것임을 암묵적으로 동의하기 때문이다.

하지만 여러분이 양식을 전문으로 하는 최고급 식당의 주인이라
고 상상해 보자. 여러분은 과연 그 식당의 이름을 '엉터리 식당'이라
고 붙이겠는가? 여러분이 코미디를 하겠다고 덤빈다면 그런 이름을
붙일 수도 있겠지만 현실은 코미디가 아니다. 그런 이름을 붙였다

가는 망하기 십상이다. 이름은 대상에 맞게 적당해야 한다. 김춘수 시인이 말하는 것처럼 사물의 '빛깔과 향기에 알맞은' 이름이어야 한다. 백마를 탄 왕자의 이름을 '김돌쇠'라고 붙이면 어쩐지 어색하다. 비극 속 공주의 이름을 '박명월'이라고 하기도 어렵다. 명월(明月)은 기생의 이름처럼 들린다. 그런 이름을 붙이는 것은 패러디 코미디에서나 있을 법한 일이다.

기호가 바뀌면 의미도 바뀐다. 나를 '학생'이라고 부르는 사람 앞에서와, 나를 '문제아'라고 부르는 사람 앞에서의 내 행동은 같을 수가 없다. '대통령'으로 불릴 때의 행동과, '아빠'라고 불릴 때의 행동이 같을 수가 없지 않겠는가.

나는 선생님·아빠·친구·아들·선배 등등 여러 가지 기호로 불린다. 어떻게 불러도 나는 나다. 그러나 기호가 달라지면 나의 행동도 달라진다. 누군가가 나를 '선생님'이라고 부른다면 나는 가르치려는 자세를 갖게 될 것이고, '인마, 친구야!'라고 부른다면 긴장을 누그러뜨리고 농담을 할 채비를 갖출 것이다. 물론 '괴물'이라고 부른다고 해서 갑자기 나의 행동이 괴물처럼 되는 것은 아니다. 하지만 우리를 어떻게 부르느냐에 따라서 우리의 행동은 변하기 마련이다.

책상은 반드시
책상이기만 해야 할까?

    교실을 보면, 어떤 학생들은 책상 위에 올라가서 장난을 치기도
하고, 어떤 학생들은 아예 드러누워 있기도 하다. 이를 본 선생님
께서 호통을 치신다.

    "이놈들! 책상은 책을 보고 공부하기 위한 것이지, 앉거나 눕기
위한 게 아냐!"

    이때 용감한 학생이라면, "선생님, 책상이 반드시 책상이기만 해
야 합니까? 책상이 의자나 침대가 되면 안 됩니까?"라는 물음을 던
질 수도 있겠지만, 우리 교육의 현장은 이런 물음을 용납할 만큼 자
유롭지는 않은 것 같다. 아직까지 학교는 선생님의 일방적인 가르
침이나 훈육이 있는 곳이지, 교사와 학생이 서로 거리낌없이 농담
을 주고받거나 자유로운 생각을 나누는 공간은 아닌 듯하다.

    피카소의 작품 〈황소 머리〉를 보자. 자전거 안장이 황소의 머리

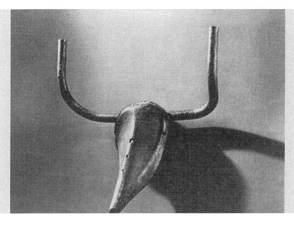

창의는 기존의
규칙을 지키는 데
있지 않고 그것을
벗어나는 데 있다.

가 되었고, 핸들이 황소의 뿔이 되었다. 이처럼 안장을 황소 머리로 만들 수 있고, 핸들을 황소의 뿔로 바꿀 수 있는 변환 능력, 이것이 바로 상상력이다. 상상력은 자유롭다. 상상력은 무엇으로부터 자유로운가? 안장은 안장이어야만 한다는 생각, 핸들은 핸들이어야만 한다는 생각으로부터 자유롭다. 안장이라는 '기호'가 반드시 안장이라는 '실체'와 연결되어야 한다는 고정 관념으로부터 자유롭다.

피카소처럼 자유로운 상상력의 소유자라면, 책상이 반드시 책상일 필요가 없다. 교실도 반드시 교실일 필요가 없다. 교실에서 다 같이 즐겁게 노래를 부른다면 교실도 노래방이 될 수 있고, 홍수로 인해 난민들이 학교를 임시로 사용한다면, 얼마든지 먹고 자는 숙식의 장소가 될 수 있다. 영화 〈투모로우〉를 본 사람은 알 것이다. 이상 기후로 냉해가 급습한 지구에서 도서관의 책들은 사람들의 추위를 녹이는 땔감이 된다. 왜 책을 태우느냐고 따지는 사람도 있겠지만, '책'은 반드시 읽힘의 대상일 필요는 없다. 베고 자면 베개요,

마술사의 손에 들어가면 마술의 도구다. 뾰족한 모서리로 머리를 톡 친다면 체벌의 도구가 될 수도 있으며, 아령을 대체하여 운동 기구로도 활용될 수 있다.

그래도 여전히 책상은 반드시 책상이어야 한다고 주장하는 사람이 있다면 이런 이야기를 들려주자.

단하 선사가 낙양의 혜림사에 머물고 있을 때였다. 겨울 날씨가 매우 찼다. 선사는 목불(木佛)을 꺼내다 불을 지폈다. 절의 주지 스님은 목불을 쪼개 아궁이에 불을 지피고 있는 단하 선사의 모습을 보고 깜짝 놀라서 말했다.

"아니, 지금 무슨 짓을 하고 있습니까? 제정신입니까? 불상을 태우다니요!"

그 말을 들은 단하 선사는 불상이 타 버리고 남은 잿더미를 지팡이로 뒤적거리면서 뭔가를 찾기 시작했다.

주지가 다시 물었다.

"지금 뭘 찾고 있습니까?"

그러자 단하 선사는 대답했다.

"소승은 지금 사리를 찾고 있는 중입니다."

"미쳤습니까? 목불에서 무슨 사리가 나온단 말입니까?"

다시 단하 선사가 말했다.

"내가 스님께 보여 주려는 것이 바로 그것입니다. 사리가 안 나오면 이것은 진짜 부처가 아니라, 그저 나무에 불과하겠지요."

미친 잠꼬대를 한다고 생각한 주지는 단하 선사를 쫓아냈다. 단하 선사는 쫓겨나면서도 이런 말을 했다고 한다.

"그대는 후회하게 될 것이다. 지금 그대는 나무토막을 구하려고 살아 있는 부처를 추운 겨울밤에 쫓아내고 있는 것이다."

나무로 된 부처상, 즉 목불을 땔감으로 사용한다는 것은 막돼먹은 행동, 불경스러운 행동이다. 그것도 스님이 그런 일을 벌인다면 천벌을 받아 마땅하다. 중세의 교회에서 십자가를 떼어 불쏘시개로 사용했다고 해 보자. 십중팔구는 뜨거운 불 위에 올려졌거나 단두대 위의 이슬로 사라졌기 십상이다.

그렇다면 왜 단하 선사는 그런 행동을 감행했을까? 자신의 행동을 통해 말하려고 했던 것은 무엇이었을까? 혹시 목불은 그저 나무일 뿐, 부처라는 본질이 없다는 것은 아니었을까?

목불은 숭배의 대상이 될 수도 있지만, 불쏘시개가 될 수도 있다. 목불이 땔감이 되어 추위에 떨고 있는 사람에게 요긴하게 쓰였다면, 이는 얼마나 자비롭고 부처다운 것인가.

단하, 그는 형식이 아닌 본질을 꿰뚫어 본 고승이었다.

놀고 있는 사람이
자유로운 사람이다

고지식한 사람이라면 단하에게 이렇게 말했을지도 모른다.

"놀고 있군!"

옳다. 단하 선사는 '놀이 정신'으로 충만한 사람이 확실하다. 그가 놀이 정신을 알지 못하는 사람이라면 그렇게 자유로운 영혼을 가질 수 없었을 것이다.

놀고 있는 어린아이를 보자. 아이들은 사물의 질서를 마음대로 뒤집는다. 신발은 신발이어야 한다는 고정 관념, 그런 거 없다. 붉은 벽돌은 붉은 벽돌이어야 한다는 편견, 그런 거 없다. 풀은 풀이어야 한다는 생각, 그런 거 없다.

소꿉장난을 하는 아이들을 보라. 신발은 자동차가 되기도 하고, 집이 되기도 한다. 붉은 벽돌은 고춧가루가 되고, 풀은 김치의 재료인 배추가 되기도 한다. 아직 어려서 신발이 신발이라는 것을 모르기 때문일까? 천만의 말씀! 아무리 어리다고 해도 신발을 어떤 용도로 쓰는 것인지 잘 알고 있다. 그들의 상상력은 신발에서 자동차와 집을 떠올릴 만큼 자유롭기 때문이다. 그렇다면 이 자유로운 상상력은 어디에서 오는가? 바로 놀이에서 온다.

 놀이의 정신은 규칙에 얽매이지 않는 정신이다.
 '책상은 책상이어야 한다, 목불은 목불이어야 한다, 선생은 선생이어야 한다, 학생은 학생이어야 한다.'
 바로 이런 것들이 피곤한 규칙들이다. 우리의 삶은 이런 규칙들로 가득 차 있다. 우리는 보통, 선생님은 '선생님' 기호에 걸맞은 행동을 해야 하고, 목사는 '목사'라는 기호에 걸맞은 행동을 해야 한다고 생각한다. 그런데 단하 선사는 목불을 태우면서 '이상한 짓'을 하고 있다. 그 '이상한 짓'이 바로 놀이다. 놀이는 이렇게 기호의 규칙을 살짝 비틀어 보는 일이다.

 많은 사람들이 컵은 물을 마시는 데 쓰는 도구로만 생각한다. 그러나 여러 개의 컵에 제각기 다른 비율로 물을 넣고 컵의 가장자리를 가볍게 치면 실로폰 같은 악기가 되기도 한다. 피카소처럼 자유로운 상상력의 소유자라면 컵을 미술의 일부로 활용했을 것이다.

소변기는 소변기에
그치는 것일까?

예술가 마르셀 뒤샹이 소변기에 〈샘Fountain〉이란 제목을 붙여 전시회에 출품함으로써 탄생한 것이 '레디메이드 예술'이다. 'ready-made'란, 말 그대로 '미리 만들어졌다'는 뜻으로, 실용성을 위해 만든 기성품을 최초의 목적과 달리 별개의 의미를 갖게 하는 예술 활동을 뜻한다.

그런데 신성한 전시회에 소변기를 예술이라고 내놓다니! 심사위원들은 불쾌했다. 결국 이 작품은 퇴출되고 만다. 단하 선사를 쫓아낸 주지의 생각과 심사 위원들의 생각은 아마 별반 차이가 없을 것이다.

뒤샹은 꼭 무엇을 새로 그리거나 만들어야 한다는 생각에서 벗어나 이미 만들어져 있는 것에서 새로움을 발견하는 것이 예술이라고 했다. 더럽고 냄새나는 불결한 소변기를 고상한 예술품이라고 생각

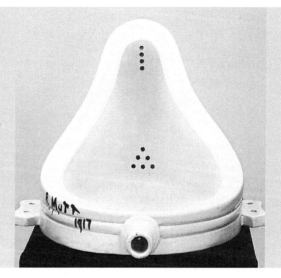

상상력은 자유롭다. 상상력은 무엇으로부터 자유로운가? 안장은 안장이어야만 한다는 생각, 핸들은 핸들이어야만 한다는 생각으로부터 자유롭다.

했던 뒤샹의 상상력은 피카소와 비슷하다. 피카소 역시 쓰레기장에 있는 자전거의 안장을 보고 작품의 아이디어를 얻지 않았던가.

뒤샹은 소변기를 예술 작품이라고 했다. 피카소는 자전거 안장을 황소 머리라고 했다. 단하 선사는 목불을 땔감이라고 했다. 소변기는 소변기이어야만 하고, 자전거 안장은 자전거 안장이어야만 하고, 목불은 목불이어야만 한다는 고정 관념을 그들을 슬쩍 뛰어넘었다.

바로 이것이 신발을 자동차로도, 배로도 만들 수 있는 놀이의 정신이고 창의성의 시작이다. 놀이는 이렇게 기존의 규칙을 지키는 데 있지 않고 그것을 벗어나는 데 있다. '벗어남', 그것이 자유, 즉 놀이의 정신이다.

구름은
구름이 아니다

어른들은 구름을 구름이라고만 생각한다. 그러나 아이들은 다르다. 아이들은 여름의 뭉게구름에서 수많은 형상을 본다. 집도 보고, 코끼리도 보고, 비행기도 보고, 숲도 보고, 호랑이도 보고, 도깨비도 본다. 상상력이 뛰어날수록 하나의 구름에서 더 많은 형상을 본다.

그러나 기상대에 근무하는 이들은 상상력을 발휘할 틈이 없다. 기상대 직원은 구름을 호랑이로 보면서 한가하게 놀 수 없다. 왜? 그들은 놀아선 안 되기 때문이다. 그들은 구름을 보고 일을 해야 한다. 일을 위해서는 구름을 구름으로만 봐야 한다. 그래야 비가 내릴 확률을 예측할 수 있다.

하지만 목동이라면 한가하게 풀밭에 누워 구름을 바라보며 양 떼의 형상을 읽을 수도 있을 것이고, 토끼의 형상이나 클로버 잎사귀의 모양을 읽을 수도 있을 것이다. 목동들의 상상력은 어디에서 오는 것일까? 바로 한가로움에서 오고 여유에서 온다. 여유가 없을 때 구름은 단순히 구름일 뿐이지만, 여유는 구름을 코끼리로도 만들고 토끼로도 만든다.

여유라는 단어는 '한가로움'이나 '틈'을 떠올리게 한다. 한가롭지 않으면 여유가 없고, 틈이 없어도 역시 여유를 갖기 힘들다. 틈이 있어야 마르셀 뒤샹과 같은 '딴생각'을 할 수 있지 않겠는가.

그러나 사람들은 바쁘고 분주하다. '초딩'이나 '중딩'은 학원 가기에 바쁘고, '고딩'은 봉사 활동도 해야지 내신 관리도 해야지 입시 때문에 바쁘고, '대딩'은 취직 걱정으로 스펙 쌓기에 바쁘다. 바쁜데 무슨 여유가 있고 틈이 있겠는가? 없다. 경쟁하지 않으면 뒤처지는 세상에 무슨 상상력이랴.

어른들도 마찬가지다. 돈벌이에 바쁘다. 행복은 '성적순'이 아니라 '석차순'이 되는 세상에서 한눈을 팔다가는 도태되기 십상이다. '뒤처지지 않으려면 노력하라.' 이것이 우리의 부모가 자녀들에게 주는 교훈이고 충고다. 어느 누구도 틈을 가지라고, 다른 눈으로 세상을 보라고 하지 않는다.

상상력이
여유에서 나온다고?

상상력이 여유에서만 나온다고 생각하면 착각이다. 상상력은 빈곤이나 각박한 삶에서도 나온다. 아니, 이런 상항일 때 오히려 상상력은 더 활발하게 작동한다.

다리가 부러진 제비를 보살펴 줬더니 박씨를 물어다 주고, 그 박씨에서 재물이 쏟아져 나왔다고 하는 〈흥부전〉의 상상력은 어디에서 나온 것일까? 혹시 하루 끼니도 해결하기 힘든 배고픈 서민들의 상상력에서 온 것은 아닐까? 경제적으로 여유가 있는 사람이 〈흥부전〉 같은 상상력을 발휘했을 것 같지는 않다.

현실은 춥고 배고프고 피곤하기 그지없다. 그렇기 때문에 가난한 자들은 상상력을 발동시키고 꿈을 꾼다. 추위나 배고픔이 없는 세상, 피곤한 노동이 없는 세상, 고통이 없는 세상에 대한 꿈이 신데렐라를 만들어 내고, 콩쥐를 만들어 내는 것이 아닐까?

상상력은 물질적 여유가 아니라, 자기 성찰에서 온다.

　고통에 빠져 있는 사람은 고통이 없는 세상을 꿈꾼다. 고통이 없는 세상을 그려 보는 일, 바로 이것이 상상력이 할 수 있는 일이라면, 상상력은 여유에서 온다고만은 할 수 없다. 오히려 피곤함과 목마름이 상상력을 만들어 낸다고 할 수 있다. 목마른 자는 오아시스를 꿈꾸고, 가난한 자는 흥부의 박씨를 상상한다. 나의 힘으로 세상을 바꾸는 일은 힘겹다. 가진 것도 없고, 아는 것도 없기 때문이다. 나약한 육체의 힘만으로 세상을 바꾸기에는 역부족이다. 그럼에도 우리에게는 세상을 변형시킬 수 있는 힘, 상상력이 있다.

　시인 이성복은 〈치욕의 끝〉이라는 시에서 '치욕이여, 모락모락 김 나는 한 그릇 쌀밥이여'라고 노래하고 있다. 시인은 대체 왜 김 나는 쌀밥을 치욕이라고 노래했을까? 한 그릇의 쌀밥을 얻기 위해,

즉 먹이를 위해 시인은 여러 가지 굴욕을 참아야 했을 것이다. 이런 일은 해서는 안 되는데 하면서도 양심이 허락하지 않는 일을 했을 지도 모른다. 그 과정에서 자존심은 짓밟혔을 것이고, 양심은 가책을 받았을 것이다. 이처럼 밥을 버는 일은 '치욕스러운' 것이다.

바로 이렇게 현실을 냉철하게 바라보는 마음이 '쌀밥'을 '치욕'으로 변형시킬 수 있는 시인의 상상력이다. 그것은 결코 물질적 여유에서 오는 것이 아니다. 무서운 자기 성찰에서 온다. 상상력은 결코 여유로운 자의 헛소리가 아니다.

정신적 여유는
한가한 시간에서
오는 것이 아니다

바쁘게 일을 해야 겨우 먹고살 수 있는 사람에게 한가롭게 살라고 말하는 것은 일종의 위협이다. 열심히 공부하는 사람에게 여유를 찾으라고 하는 것도 일종의 위협이다. 그러나 바쁜 사람에게 한가로운 시간을 가지라고 하는 것은 그를 해치려는 뜻에서 말한 것이 아니다. 공부하는 사람에게도 마찬가지다.

어떤 일에 몰두하고 있으면 딴생각을 못 하지만, 한가해지면 딴생각을 하기 마련이다. '내가 왜 이 일을 하고 있지?' 하는 것도 딴생각이고, '어떻게 하면 이 일을 더 잘할 수 있을까?' 하는 것도 딴생각이다. 딴생각을 허튼 생각이라고 여기지 말자. 딴생각은 일의 목적과 의미를 묻는 일이기도 하다. 더 큰 집을 사려고 돈벌이에 바쁜 사람이, '내가 왜 집을 사야 하는가, 더 큰 집만이 나의 삶의 목적인가?' 반성할 수도 있다. 그 반성의 순간이 여유의 순간이다.

　좋은 작품, 걸작에 대한 욕망이나 강박 관념에 사로잡히면 예술가들도 여유가 없어지고 딴생각을 할 겨를이 없다. 어떻게 해서든 대작을 만들어 이름을 날리고 싶다는 명예욕이 생기면 더욱 여유가 없어진다. 여유가 없어질 때 생기는 것이 편법이다. 남의 작품을 베끼고는 자신의 것이라고 세상을 속이려고 한다. 바로 이것이 표절이다. 표절은 어떤 업적을 빨리 이룩하려는 조급증에서 온다. 이 조급증에서 벗어나지 못한 사람의 눈에는 자전거 안장은 자전거 안장일 뿐이고, 소변기는 소변기일 뿐이다. 다르게 보려면 여유가 필요한데 다르게 볼 마음의 여유가 없기 때문이다.

　물질과 시간이 남아돈다고 해서 여유가 생기는 것은 아니다. 원래 부자들이 더 바쁜 법이다. 그렇다고 해서 가난한 자에게 여유가 있는 것도 아니다. 거지는 시간은 많을지 몰라도 배고픔에 쫓겨 정신적 여유를 잃는다. 장 발장이 빵을 훔친 것도 여유가 없어서다. 부자라고 해서 여유가 있는 것도 아니고, 가난하다고 해서 여유가 있는 것도 아니다. 여유는 만드는 것이지 주어지는 것이 아니다.

　열심히 공부를 하다가도 "내가 무엇을 위해 공부하고 있지?"라는 의문 때문에 브레이크가 걸리는 순간이 있다. 이때가 바로 여유를 찾아야 할 순간이다. '좀 더 다른 방법으로 할 수는 없을까, 좀 더 색다르게 표현할 수는 없을까?' 하는 '딴생각'이 들 때, 바로 그때가 여유를 찾아야 할 순간이다. 습관처럼 해 오던 것에서 벗어나 새로

사춘기 철학 교과서

운 방식을 모색할 때, 나만의 해법을 모색할 수 있다. 나만의 해법, 그것이 창의력이다. 피카소의 작품도, 뒤샹의 작품도 모두 이런 새로움을 향한 모색의 결과는 아니었을까.

컴퓨터 게임에 사로잡혀 밤을 지새우다가도 문득 내가 도대체 무엇을 하고 있는 걸까 하는 생각이 들었다면 바로 그때가 여유를 찾아야 할 순간이다. 만약 브레이크를 걸어야 함에도 불구하고 계속 컴퓨터 게임에 몰두한다면 결국 눈은 침침해지고 목은 뻣뻣해지는 불쾌한 아침을 맞을 수밖에 없고, 부모와의 불화를 감수할 수밖에 없다. 즐거움은 짧고 후회는 길다. 중독에 빠진 사람들에게는 순간의 즐거움만 있을 뿐, 여유를 찾을 마음은 없다.

여유는
멈춤의 지혜다

가난한 부부는 꿈꾼다.

'사글셋방 한 칸이라도 좋으니 마음 편히 쉴 수 있는 보금자리가 있으면 좋으련만⋯⋯.'

그러나 방 한 칸에 만족할 사람이 있을까. 조금이라도 더 넓고 좋은 보금자리를 가지려고 하는 것이 인간의 기본적인 욕망이다. 사글셋방이 생기면 전세방을 꿈꾸고, 전세방이 생기면 번듯한 아파트 한 채를 꿈꾸게 되는 것이 인지상정(人之常情)이라 하겠다. 물론 아파트 한 채가 생기더라도 더 넓은 곳으로 거처를 옮기고 싶어 하는 것이 인간의 욕망이다.

음식을 먹지 않으면 인체의 활동도 멈추고 마니, 음식에 대한 욕망, 즉 식욕은 개체 보존에 필수적이라 할 수 있다. 짝짓기가 없으면 생물의 종(種)은 단절되고 마니, 짝짓기에 대한 욕망, 즉 성욕은 종족 보존에 필수적이라 할 수 있다. 개체 보존과 종족 보존을 위해 욕망은 반드시 필요하다. 또한 좀 더 빨리 달리고 싶다는 욕망이 자동차를 만들어 냈고, 하늘을 새처럼 훨훨 날고 싶다는 욕망이 비행기를 만들어 냈다. 이를 보면, 욕망은 기술 발전의 원동력이기도 하다.

욕망이 없는 삶은 불가능하다. 욕망은 나와 내 종족을 지탱해 주는 힘이요, 이 세계를 움직이는 에너지다. 이 욕망의 에너지가 없으면 인간도 세상도 더 이상 존속할 수 없다.

소유를 욕망으로 나눈 몫이 행복이라는 것이 소위 '행복 공식'이다. 아무리 많은 것을 소유하더라도 욕망이 그보다 더 크다면 행복은 기대할 수 없다. 반대로 소유한 것이 적더라도 욕망이 작다면 행복은 커지게 된다. 가난한 나라 중 하나인 방글라데시 국민들의 삶의 만족도가 세계에서 가장 높다는 사실은 이런 사정을 반영한다.

평범한 사람도, 가지면 가질수록 더 많은 것을 가지고 싶어 하는 황제의 욕망을 닮아 간다. 가지면 가질수록 더 가지고 싶은 황제의 욕망, 바로 그것이 영화 〈알렉산더〉에 등장하는 알렉산더의 욕망이다. 페르시아를 굴복시킨 알렉산더는, 그쯤에서 정복 전쟁을 멈추라는 주위의 충고를 무시하고 말한다.

"인도로 가자! 더 넓은 세상을 정복하자!"

혹독한 더위, 끊임없이 생명을 노리는 풍토병, 해충과 뱀들의 위

5 영화 읽기

협, 알렉산더 앞에는 예측할 수 없는 시련이 놓여 있다. 그러나 어떤 시련도 알렉산더의 욕망을 멈추게 하지 못했다. 그를 기다리던 죽음만이 그의 욕망을 잠재울 수 있었다. 알렉산더는 서른세 살의 젊은 나이로 눈을 감는다. 그의 죽음과 함께 그의 욕망도 눈을 감는다.

호랑이는 죽어서 가죽을 남기고, 사람은 죽어서 이름을 남긴다던가. 남은 것은 '알렉산더'라는 이름뿐이다. 그러나 죽은 자에게 사후의 영광이 대체 무슨 의미가 있단 말인가. 욕망의 엔진을 끌 줄 모르고 가속의 페달만을 밟아 대는 알렉산더에게 해 줄 수 있는 말은 무엇이겠는가.

『노자(老子)』의 한 구절이다.

"지족불욕 지지불태(知足不辱 知止不殆)"

만족함을 알면 욕되지 아니하고, 멈출 때를 알면 위태로움이 없다는 뜻이다. 만족을 모르는 마음이 알렉산더와 같은 정복자의 욕망이다. 만족을 모르기에 그들은 '더, 더, 더'를 외친다. 더 많은 것을 얻기 위해 자신이 가진 모든 힘을 쏟고, 그것도 모자라면 속임수와 편법을 쓰기도 한다. 속임수와 편법이라는 무리수를 두게 되면 당연히 타인의 신뢰를 잃게 되고, 타인의 신뢰를 잃게 되면 종국에는 일을 그르치기 십상이다. 위태로움은 바로 신뢰를 잃어버리는 데서 온다.

사춘기 철학 교과서

『대학(大學)』의 첫머리에는 "대인(大人)이 하는 학문의 길은 명덕(明德)을 밝히는 데 있고明明德, 백성들과 친하게 지내는 데에 있으며親民, 지선(至善)에 머무는止於至善 데에 있다."라는 구절이 나온다. 이어서 "그침을 알게 된 이후에 안정될 수 있고知止而後有定, 안정된 이후에 생각할 수 있으며定而後能慮, 생각한 이후에 얻을 수 있다慮而後能得."라는 구절이 이어진다.

그침을 알게 된 후에 안정을 얻을 수 있다는 말을 뒤집어 보면, 그침을 모르면 안정을 얻을 수 없다는 말이 된다. '더, 더, 더'를 외치는 사람에게는 안정이 없다. 어떻게 하면 목표를 달성할 수 있을까 하는 데에 자신이 가진 모든 에너지를 쏟기 때문이다. 그리고 더 큰 성공에 집착하는 사람들은 목표를 달성하지 못하면 늘 조바심을 가지기 때문에 마음의 평화를 누리기 어렵다.

쉬운 예를 보자. 시장에 가서 옷을 산다고 하자. 품질도 좋고, 디자인도 좋고, 가격도 좋다 생각되면 더 이상의 생각을 그치고 그 옷을 사서 입으면 그만이다. 그러나 더 좋은 옷이 어딘가에 있을 거라는 욕심에 여기저기 돌아다니다 보면 쇼핑은 말 그대로 고역이 되고 만다.

물론 아무 옷이나 대충 사라는 말이 아니다. 옷을 살 때는 디자인·품질·가격 등 모든 조건을 고려하여 옷을 고르는 수고를 아끼지 말아야 한다. 그래야 옷에 대한 만족도가 커진다.

그러나 어딘가에 이 옷보다 더 좋은 옷이 있겠지 하는 생각에 얽매이면 쇼핑은 그 어떤 일보다 피곤한 노동이 되고, 설령 힘든 과정을 통해 옷을 구입한다고 하더라도 옷에 대한 만족도는 그만큼 떨어질 수밖에 없다. 더 좋은 것을 가지려고 하는 소유의 욕망에 집착할 때, 마음은 편안함을 모른다.

에피쿠로스의 『쾌락의 철학』에 등장하는 이런 구절은 만족을 모르는 우리들에게 하나의 충고로 다가온다.

"자연의 순리가 요구하는 재산의 양은 한정되어 있고 상대적으로 쉽게 얻을 수 있으나, 어리석은 갈망으로 인해 추구하는 재산의 목록은 끝이 없고 쉽사리 얻을 수도 없다."

에피쿠로스가 말하는 자연의 순리란 배가 고프면 먹고 추우면 옷을 입는 행위를 말한다. 이런 기본적인 욕망을 채우는 데 많은 재산이 필요한 것은 아니다. 그러나 그침을 모르는 어리석은 갈망을 충족시키는 데에는 설령 엄청난 재산이 있다 하더라도 늘 부족하다.

에피쿠로스는 "한계를 모르는 부유함은 커다란 가난이다."라고 말하기도 했다. 내 경제적 능력에도 맞고, 디자인도 이만하면 손색이 없고, 품질도 그런대로 만족할 만한 수준이라면 욕망을 멈출 필요가 있다. '그래, 나는 최고의 옷을 산 거야.'라고 생각하고 즐거운 마음으로 그 옷을 입고 세상으로 나서자.

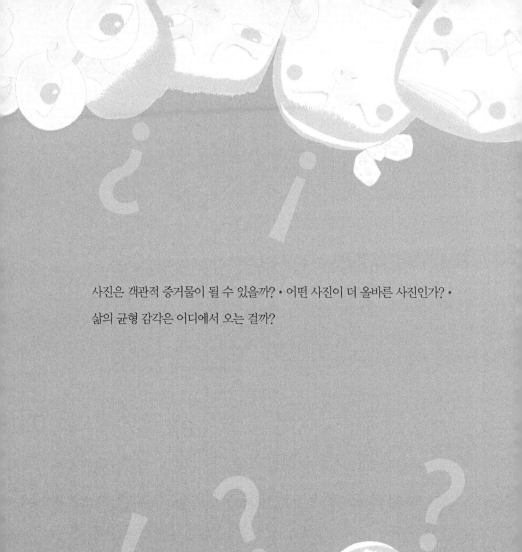

사진은 객관적 증거물이 될 수 있을까? • 어떤 사진이 더 올바른 사진인가? •
삶의 균형 감각은 어디에서 오는 걸까?

객관과
주관

6

사진은 객관적
증거물이 될 수 있을까?

자기가 그랬으면서도, "내가 그랬다는 증거를 대 봐!" 발뺌하는 사람 앞에 내놓을 수 있는 가장 확실한 증거물로 사진을 꼽을 수 있다. 소매치기 현장에서 누군가의 지갑을 슬쩍하는 장면을 찍은 사진은 사진 속의 주인공이 범인이라는 확실한 단서가 될 수 있다. 과속을 하다가 고속 도로의 카메라에 찍혀도 변명의 여지가 없다. 왜? 사진은 거짓말을 하지 않기 때문이다.

물론 사진도 얼마든지 조작이 가능하지만 증거물로 제시된 사진에 전혀 조작의 흔적이 없다면 사진은 객관적인 증거물로서의 자격이 충분하다고 할 수 있다.

그런데 전혀 조작이 없는 사진, 현실의 실체를 그대로 보여 주는 사진이라고 해서 그것이 곧 어떤 사태의 진실을 알려 준다고 할 수 있을까?

정직한 사진은
밝은 면과 어두운 면을
동시에 보여 준다.

여러분이 '판타지 아일랜드'라는 가상의 섬을 홍보하는 사람이라
고 가정해 보자. 여러분이 만든 홍보물에는 당연히 섬의 아름다운
풍광이 담기고, 섬의 훌륭한 숙박 시설과 섬 주민들의 환한 미소가
찍힌 사진이 담길 것이 분명하다. 또 홍보물의 사진에는 그 섬의 훌
륭한 도로망과 관광 시설도 담길 것이 분명하다.

이 사진들이 말하고 있는 것은 무엇일까? 판타지 아일랜드의 풍
광은 참으로 아름답고, 주민들은 친절하고, 숙박과 관광 시설도 완
벽하니, 여행을 생각하고 있는 사람이라면 어서 빨리 우리 섬으로
오라는 것이다. 사진이 거짓말을 하고 있는 것이 아니라면 판타지
아일랜드는 좋은 섬일 것이다. 그러나 섣부르게 사진만 보고 판단
해서는 안 된다. 왜? 사진은 전체를 담을 수 없기 때문이다.

전체를 담을 수 없다는 것, 그것이 사진의 숙명이다. 사진을 찍는 사람은 어떤 사물의 부분만을 담을 수 있을 뿐이다. 앞에서 말한 관광 홍보물에 담긴 사진도 따지고 보면, 판타지 아일랜드 전체를 담았다고 볼 수 없다. 관광 홍보 책자를 만든 책임자는 차마 섬의 나쁜 점을 사진에 담을 수 없었을 것이다. 섬에 혐오 시설이 있다고 해도, 가령 쓰레기 매립장이나 소각장, 원자력 발전소나 유류 저장소 등이 있다고 해도 그런 사실을 알리고 싶지 않을 것이다. 그렇다면 우리는 이렇게 물을 수 있다. 과연 전체를 보여 주지 않고 부분만을 보여 주는 사진이 어떻게 진실을 대변할 수 있느냐고.

하나의 사물은 밝은 면과 어두운 면을 동시에 지닌 경우가 많다. 진실을 위해서는 밝은 면과 어두운 면을 함께 담아야 한다. 홍보물이 섬의 긍정적인 면을 보여 준 것이라면, 섬이 관광지로 변하면서 파괴된 생태계와 원주민들의 피폐한 삶을 담은 사진은 판타지 아일랜드의 어두운 면을 보여 주는 사진이라고 할 수 있다. 그러나 판타지 아일랜드의 관광 홍보 책자에는 그런 사진이 있을 수 없다. 오직 섬의 밝은 면만 있을 뿐이다.

사람들은 누구나 자신의 어두운 면보다는 밝은 면을 보여 주고 싶어 하기 마련이다. 가급적이면 사진을 잘 받는 쪽의 얼굴을 카메라 앞에 내미는 것도 그런 이유고, 사진을 찍기 전에 머리를 손보고 화장을 고치는 것도 그런 이유이며, 연예인들이 소위 '쌩얼'을 카메라 앞에 내놓기 싫어하고, '얼짱 각도'에서 사진을 찍으려고 하는 것도 다 그런 이유에서다.

어두운 것을 감추고 밝은 것을 드러내는 것이 홍보의 목적이다. 홍보는 좋은 점을 알리는 것이지 나쁜 점을 드러내는 것이 아니므로 홍보물이 좋은 것만을 담는다고 나무랄 수는 없다. 학교 홍보물에 비가 새는 교실을 담을 수는 없고, 국가 홍보물에 시위 현장을 담을 수는 없으며, 맞선 상대자에게 얼굴이 통통 부은 사진을 건넬 수는 없다. 밝은 사진, 잘 나온 사진을 내밀고 싶은 것이 사람의 마음이다. 왜? 자신을 돋보이게 하고 싶은 것이 모든 사람의 공통된 욕망이기 때문이다.

다시 판타지 아일랜드의 사진으로 돌아가자. 과연 아름다운 풍광을 담고 있는 판타지 아일랜드의 사진은 객관적인 자료라고 할 수 있을까? 그렇다고 할 수 있다. 사진을 조작한 것은 아니기 때문이다. 그러나 어떤 점에서 그 사진은 객관적이라 할 수 없다. 왜? 아름다운 풍광만을 드러내고 싶은 담당자의 의도와 욕망이 그 사진에 담겨 있기 때문이다. 의도와 욕망은 주관적인 것이지 객관적인 것은 아니다.

어떤 사진이
더 올바른 사진인가?

앞에서 객관적인 사진은 없다고 말했다. 모든 사진에는 그 사진을 찍은 사람의 의도와 욕망이 담겨 있기 때문이라고도 했다. 판타지 아일랜드를 찍은 아름다운 사진도 그렇고, 판타지 아일랜드의 파괴된 생태계를 보여 주는 사진이 존재한다면 그 또한 마찬가지다.

간혹, 판타지 아일랜드의 파괴된 생태계를 보여 주는 사진에는 그 섬이 빨리 정상으로 회복되기를 바라는 '올바른 마음'이 담겨 있기 때문에 문제 될 게 없다고 말하는 사람도 있겠다. 그러나 그런 사진에도 찍은 사람의 의도와 욕망이 담겨 있지 않다고 말할 수는 없다.

결론부터 말하자면 모든 사진은 객관적일 수 없다. 아름다운 풍광을 담은 사진이나 생태계가 파괴된 사진이나 그 안에는 그것을 찍은 사람의 욕망, 즉 주관이 담겨 있다. 그렇다면 "어떤 사진이 더 객관적인 사진인가?" 하는 물음보다, "어떤 사진이 더 올바른 사진인가?" 하는 물음을 던져 보는 건 어떨까?

이 질문에 답하기 위해서는 판타지 아일랜드의 아름다운 풍광을 소개해서 더 많은 관광객을 유치하기 위한 욕망과, 섬의 파괴된 생태계를 보여 줌으로써 섬을 보호하고자 하는 욕망 중에 어떤 욕망이 더 올바른 욕망인가를 판단해야 한다.

판타지 아일랜드가 관광지로 이름을 날리기를 원하는 사람도 있을 수 있고, 섬이 관광지가 되는 것에 거부감을 가지고 생태계를 지켜야 한다고 주장하는 사람도 있을 수 있다. 이때 어떤 사진이 올바른가 하는 문제는 사안에 따라 달라진다.

개발이 항상 좋은 것도 아니고, 그렇다고 보존이 항상 좋은 것도 아니다. 개발이 필요할 때도 있고, 보존이 필요할 때도 있다. 문제는 무엇이 필요한지를 아는 균형 감각이다.

삶의 균형 감각은
어디에서 오는 걸까?

중국 전국 시대 정치가인 관자(管子)는 "곳간이 차야 예절을 안다."라고 했다. 먹고사는 문제가 해결돼야 예절을 지킬 수 있다는 뜻이다. 가난한 사람들이 모여 사는 뉴욕의 할렘이 대표적인 우범 지역이라는 사실은 관자의 말을 어느 정도 증명해 준다. 먹고살기 힘들어지면 범죄율도 늘어나고, 이혼율도 늘어나기 마련이다.

나라를 평안하게 하는 것이 정치의 목적이라면, 정치인들은 당연히 민중의 배를 채우는 데 힘을 쏟아야 한다. 어떻든 인간은 일단 배가 불러야 예절을 아는 법이다.

판타지 아일랜드 사람들이 끼니도 해결하지 못하는 절대적인 빈곤에 시달리는데도 개발은 절대 안 된다고 목소리를 높이는 사람이 있다면, 그는 관자의 충고를 헤아리지 못하는 사람일 것이다. 이

사춘기 철학 교과서

런 경우 현명한 사람이라면 개발의 논리에 힘을 실어 줄 것이 분명하다.

그러나 판타지 아일랜드 사람들이 절대 빈곤에서 벗어나 어느 정도는 먹고산다고 해 보자. 호화롭게 잘사는 것은 아니지만 의식주에 크게 부족함이 없다고 해 보자. 이런 경우에도 환경 파괴의 우려가 있는 개발을 서둘러야 할까?

물론 섬사람들의 생각은 다를 수 있다. 사람의 욕망은 끝이 없으니까. 하나를 가지면 둘을 가지려는 것이 사람의 마음이다. 판타지 아일랜드 사람들도 예외는 아닐 것이다. 개발이냐 찬성이냐 투표를 실시했을 때, 섬 주민의 70퍼센트 정도가 개발에 찬성을 했다고 해 보자. 이런 경우에 과연 현명한 사람이라면 어떤 결정을 해야 할까. 과반수에 따라 개발의 논리에 순응해야 할까?

다수결은 결코 올바른 의사 결정의 원리가 아님을 앞에서 살펴봤다. 다수가 잘못된 생각을 가졌으나, 그것이 잘못임을 모르는 경우를 우리는 역사 속에서 얼마든지 찾아볼 수 있다.

조선 시대 때, 대부분의 사람들은 '남녀칠세부동석'을 보편적 진리라고 믿었지만, 지금은 그런 고리타분한 관념에 복종하는 사람은 없다. 과거에는 지구가 태양을 중심으로 돈다는 지동설을 믿은 사람의 숫자보다, 태양이 지구를 중심으로 돈다고 하는 천동설을 믿은 사람의 숫자가 훨씬 더 많았다. 이래도 다수가 올바른 의사 결정의 원리라고 할 수 있는가?

우리가 현명하다면, 더 많은 물질을 소유하고자 하는 판타지 아일랜드 주민들의 욕망을 탐욕스럽다고 할 수는 없어도, 적어도 그것만이 삶의 전부는 아니라고 힘주어 말할 수는 있다. 멋진 스포츠카로 드라이브를 즐기고, 호화 유람선에서 소다수를 마시는 것도 좋은 삶일 수 있지만, 상쾌한 공기 속에서 기지개를 켜고, 순백의 모래사장이나 숲 속을 걷고, 적당한 노동 끝에 한 권의 시집을 펼쳐 읽다가 깜박 잠에 드는 것도 행복한 삶이 아니겠느냐고 설득할 수도 있다.

그 설득의 결과는 미지수다. 몇몇 사람들의 힘겨운 싸움으로 그칠 수도 있다. 그러나 그 싸움은 다시 우리에게 묻는다. 무엇이 진정한 삶인가? 진정한 행복은 무엇인가? 인간은 빵만으로는 살 수 없다는데 과연 물질이 우리 삶의 전부일 수 있는가?

플라톤은 왜 책을 부정적으로 생각했을까? • 그럼 왜 플라톤은 그렇게 많은 글을 썼을까? • 왜 듣기 싫은 말도 들어야 할까? • 왜 TV 속의 이미지를 그대로 믿으면 안 될까? • 광고가 진짜 말하고 싶은 것은 무엇일까? • 남들의 판단에 목숨을 걸어야 할까? • 어떻게 한 소년의 생각이 세상을 바꿀 수 있었을까? • 왜 사람들은 유행을 따라가지 못해 안달을 할까? • 독립적으로 살기 위해 필요한 것은 무엇일까? • 왜 사람들은 똑같은 사물을 다르게 보는 것일까? • 인간이 보는 세계가 절대적인 세계일까? • 내가 사는 곳의 문화만이 옳은가? • 모든 문화를 다 존중해야 하는 것일까? • 나와 다른 문화를 어떻게 받아들여야 하는가?

모순

플라톤은
왜 책을 부정적으로
생각했을까?

그리스의 철학자 플라톤은 읽기와 쓰기를 그리 중요하게 생각하지 않았다. 책을 통해 얻은 지식은 쓸모가 없다고 여겼다. 플라톤은 살아 있는 가르침을 받고, 그 가르침의 말씀을 암송하여 자기 것으로 만들어야 한다고 생각했다. 말씀을 자기 것으로 만든다는 것은 단지 암기하는 데서 그치지 않고 그것을 실천할 수 있어야 함을 뜻한다. 스승의 말씀을 마음에 새기고 그것을 실천할 수 있어야 한다는 말은 누가 들어도 옳다.

그렇다면 살아 있는 가르침이란 어떤 가르침일까? 그 가르침은 책 속의 가르침과는 다른 종류의 것일까?

먼저 플라톤이 읽기와 쓰기를 그다지 중요하지 않게 생각한 이유부터 살펴보자. 플라톤은 우리가 보고 듣고 만지고 냄새 맡는 것,

참된 본질을 찾기 위해서는 어떻게 해야 하는가? 플라톤은 살아 있는 가르침을 받고, 그 가르침의 말씀을 암송하여 자기 것으로 만들어야 한다고 생각했다.

즉 몸으로 느낄 수 있는 것, 감각으로 느낄 수 있는 것은 참된 것이 아니라고 생각했다. 실체를 만질 수는 없지만 마음의 눈으로 볼 수 있는 것만이 참된 것이라고 생각했다. 감각으로 느낄 수 있는 것은 불완전한 것이고, 심안(心眼)으로 볼 수 있는 것만이 완전한 것이라고 생각했다. 그렇다면 플라톤은 왜 감각으로 느낄 수 있는 것은 불완전하다고 한 것일까?

　플라톤은 생각했다.

　'완벽한 것은 변하지 않는, 영원불변하는 것이어야 한다. 그러나 현실의 모든 존재는 변하기 마련이다. 그러므로 그것들은 완벽하지 않다.'

현실의 모든 존재가 변화한다는 플라톤의 생각은 옳다. 모든 것은 낡고 허름해진다. 어떤 존재도 아름다움을 영원히 유지할 수는 없다. 그러므로 시간 속에서 모든 존재들은 불완전하다.

컴퍼스로 그린 원(圓)을 떠올려 보자. 이 원은 '완벽하게' 한 점에서 모두 같은 거리에 있는 점의 집합일까? 아무리 정교한 도구를 이용한다고 해도 '완벽한 원'을 그릴 수는 없다. 백억 배, 그게 모자라면 백억 배의 또 백억 배쯤 확대해서 보면 불완전함을 알 수 있다.

보름달이라고 해서 예외는 아니다. 우리 선조들에게 보름달은 완벽함의 상징이었는지 몰라도, 플라톤에게 보름달은 불완전한 것이었다. 보름달도 시간이 지나면 이지러지면서 본래의 형태를 허문다. 시간 속에서 풍화되고 녹슬고 마모되는 것이 모든 사물의 운명이다. 즉, 현실에 존재하는 모든 것은 불완전하다는 것이 플라톤의 생각이었다.

그렇다면 완벽한 원은 어디에 있는가? 머릿속, 바로 관념 속에 있다고 플라톤은 생각했고, 그 관념 속에 있는 것이 바로 원의 본질, 즉 원의 '이데아idea'라고 여겼다.

플라톤은 화가나 작가들도 비판했다. 참된 이데아를 추구해야 하는데 기껏해야 현실 속에 존재하는 불완전한 형상들을 베끼고 앉았으니 한심하다고 생각한 것이다. 책도 바로 그런 한심한 사람들이 만들어 낸 결과물이라고 치부했다. 그러니 책을 쓰고 읽는 것을 못마땅하게 여긴 것은 어찌 보면 당연하다.

참된 본질을 찾기 위해서는 어떻게 해야 하는가? 플라톤은 살아 있는 가르침을 받고, 그 가르침의 말씀을 암송하여 자기 것으로 만들어야 한다고 생각했다. 그렇다면 살아 있는 가르침을 줄 수 있는 사람은 누구인가? 플라톤에게 그런 사람은 평생을 두고 존경했던 그의 스승 소크라테스였다.

우리는 대부분 소크라테스가 인류의 위대한 스승임을 부인하지 않는다. 철학의 '철(哲)' 자조차 모르는 사람도 소크라테스라고 하면 대단한 철학자라고 생각한다. 소크라테스의 철학을 이해했기 때문이라기보다는 관습적인 인정을 따르고 있기 때문이다.

플라톤은 그런 스승을 두었으니 참으로 행복한 철학자였고, 진리에 가깝게 다가가기가 남들보다 훨씬 쉬웠는지도 모른다. 그렇다면 그런 뛰어난 스승을 두지 않은 우리들은 어떻게 진리에 접근해야 할까?

그럼 왜
플라톤은 그렇게
많은 글을 썼을까?

플라톤에게 앎이란, 단순한 모방이나 암기가 아니라 '대상과 내가 완벽하게 하나가 되는 것'이라고 했다. 하지만 대상과 내가 하나가 된다는 것은 사실 불가능한 일이다. 어떻게 '내'가 '너'가 될 수 있다는 말인가? 아무리 애를 써 봐도, 나는 나고 너는 너다. 그렇다면 대상과 내가 하나가 된다는 말은 무엇일까?

자전거를 처음 배울 때를 떠올려 보자. 아마 형이나 언니가 뒤에서 잔소리를 해 댔을 것이다.

"바보야, 먼저 몸의 중심을 잡아!"

나에게는 잔소리이지만, 형이나 언니의 입장에서는 충고다. 그 충고는 말로 되어 있다. 우리는 말로 되어 있는 충고를 접수한다.

그리고 머리로 생각한다. '몸의 중심을 잡아야지.'라고. 그러나 몸은 자꾸 한쪽으로 기운다. 이때 형이나 언니는 다시 이렇게 말한다.

"왼쪽으로 몸이 쓰러질 거 같으면 몸의 중심을 오른쪽으로 옮겨 봐. 그럼 똑바로 탈 수 있어."

그러면 나는 또 말로 된 형이나 언니의 충고를 접수한다. 그리고 쓰러지려 할 때는 몸의 동작을 이렇게 해 봐야지 하고 머리로 생각한다.

이처럼 누구나 자전거를 처음 배울 때는 머리로 생각하기 마련이다. 그러다 어느 순간 자전거 타기에 성공하고, 어느덧 능숙해지면 더 이상 자전거 타는 방법을 머리로 생각하지 않는다. 우리의 몸은 자전거와 하나가 된다. 바로 이런 경지가 나라는 주체와 자전거라는 객체가 하나가 되는 주객일체의 경지다. 배움도 머리로 하나가 되려 하지 말고, 몸으로 하나가 되라는 것이 플라톤의 가르침이다.

붓글씨를 쓸 때도 마찬가지다. 처음 붓을 잡으면 마음과 몸이 따로 논다. 마음은 이쪽으로 가려 하는데 붓을 잡은 손이 따라와 주지 않는다. 마음과 몸이 하나로 움직이는 것이 아니라, 몸은 몸대로 마음은 마음대로 논다. 이것이 초보의 처지다.

이런 난감한 상황을 극복하기 위해서는 연습을 거듭하는 수밖에 다른 도리가 없다. 몸과 마음이 하나가 되었을 때 생각하지 않고도 자전거를 탈 수 있듯이, 붓글씨도 연습에 연습을 거듭하다 보면 손과 몸이 서로를 잊는 심수상망(心手相忘)의 경지에 이를 수 있다는 것이 붓글씨를 오래 써 본 사람들의 일관된 충고다. 쉽게 생각해 보자. 키보드를 칠 때 우리의 몸과 마음은 하나가 된다. 자판을 보지 않아도 내가 원하는 키를 손가락이 정확히 누르지 않던가. 그것은 훈련과 연습의 결과이지, 처음부터 그랬던 것은 아니다.

머리로 배우려 하지 말고, 대상과 내가 하나가 되도록 노력해야 한다고 말하던 플라톤도 실제로는 참으로 많은 책을 썼다. 그는 생전에 30권에 이르는 책을 남겼다고 한다. 30권이라면 대단한 분량이다.

글은 말의 복사물에 지나지 않는다고 생각했던 플라톤이었다. 소크라테스처럼 현명한 자의 생생한 말씀이 중요한 것이지, 그것을 옮겨 놓은 글은 중요하지 않다고 생각했던 그였다. 그런데도 그는 왜 그렇게 많은 글을 썼을까? 책으로 돈을 벌기 위해서? 그것은 아닐 것이다. 지식을 과시하기 위해서? 물론 그것도 아닐 것이다.

우리는 여기서, 비록 플라톤이 글을 말이나 행동보다 중요하게 생각하지는 않았지만, 글을 읽고 쓰는 것까지 무가치하게 본 것은 아님을 알 수 있다. 책은 배움의 시작이지 끝이 아니라는 것, 다시 말해 책을 읽었으면 그것을 자신의 인격으로 스며들게 하여 지식이 행동과 실천의 에너지가 되게 하라는 것이 플라톤이 책을 통해 우리에게 전하려 했던 말이 아니었을까?

오래전에 지구를 떠난 플라톤이 21세기의 우리에게 답을 해 주려면 명왕성보다 더 먼 거리에서 달려와야 할지도 모른다. 아니, 그것은 가능하지 않으니 플라톤과의 만남을 기대할 수는 없다. 그렇다면 답을 어디에서 찾아야 할까. 그의 생각이 남아 있는 그의 책에서 찾을 수밖에 없지 않겠는가.

다음은 이황의 연시조, 〈도산십이곡〉 중의 한 수다.

고인(故人)도 날 못 뵈고 나도 고인 못 뵈
고인을 못 뵈어도 예던 길 앞에 있네
예던 길 앞에 있거니 아니 예고 어이리

공자나 맹자 같은 옛사람, 즉 고인은 볼 수가 없다. 하지만 그들이 가고자 했던 길, '예던 길'은 그가 남긴 책 속에 있다. 우리가 고인의 책을 읽는 것은 단순히 활자를 읽는 것에 그치는 것이 아니라, 고인이 갔던 길을 가고자 함이다.

플라톤의 책을 읽는 것도 단순한 독서 행위에서 그치지 않는다. 책의 내용에 공감할 때 우리는 책이 제시하는 책 속의 삶을 살아 보고 싶은 욕망을 갖게 된다. 그 욕망이 우리를 조금씩 변화시켜 간다.

왜 듣기 싫은 말도
들어야 할까?

여러 사람들이 모여 시끄럽게 떠들고 있다. 바로 곁에 있는 친구의 목소리도 잘 들리지 않을 정도다. 이런 상황에서 대화를 나누기란 힘들다. 그런데 이럴 때에도 누가 내 이름을 부르면 신기하게 금방 알 수 있다. 이처럼 소음 속에서도 자신과 관련된 정보를 찾아낼 수 있는 능력을 심리학에서는 '칵테일파티 효과'라고 한다. 즉, 우리의 마음은 모든 소리를 받아들이는 것이 아니라 나와 관련된 정보, 내가 필요로 하는 정보를 우선적으로 받아들인다는 이야기다.

피곤한 상태에서 전철을 탔을 때, 꾸벅꾸벅 졸다가도 내가 내려야 할 역 이름이 방송에서 나오면 깜짝 놀라 깨는 수가 있다. 이 경우도 마찬가지다. 나의 감각은 나와 상관없는 역은 지나치지만 나와 상관이 있는 역은 잘 놓치지 않는다. 물론 아주 피곤해서 감각이 둔해지면, 전철의 종착지에서 자신의 둔감에 대해 투덜거릴 수밖에 없겠지만⋯⋯.

어떤 사람에 대해 알려고 할 때, 우리는 가급적 그 사람의 여러 면을 봐야 한다. 그 사람에 대한 부정적인 정보만을 취해서도 안 되고, 그 사람에 대한 긍정적인 정보만을 취해서도 안 된다. 그러나 사람들은 자신에게 필요한 정보, 자신이 좋아하는 정보, 자신에게 유리한 정보만을 취하려고 하는 경향이 있다.

예를 들어, 내가 좋아하는 여자 친구가 있다면 남들이 여자 친구의 나쁜 점을 말해도 내 귀는 그런 정보에 문을 닫아 버린다. 왜 그럴까? 그 정보가 듣기 싫은 정보, 마음에 들지 않는 정보이기 때문이다. 사람에겐 이렇게 자기가 좋아하는 정보만을 듣고 싶어 하는 마음이 있다. 이런 마음 때문에 독재자 옆에는 독재자를 찬양하는 아첨꾼들이 모이게 된다. 독재자들 또한 자신이 듣고 싶어 하는 정보, 즉 자신이 정치를 잘한다는 평가만을 듣고 싶어 하기 때문에 이들을 가까이 둔다.

주식을 샀으면 누구나 주식이 오르기를 바라지, 내리기를 바라는 사람은 없다. 물론 리버스 펀드처럼 주가가 떨어져야 이익을 보는 경우도 있기는 하다. 그런데 주식이 오르기를 바라는 마음에서 '오른다'는 사실을 뒷받침하는 정보만을 듣고 자신의 행동을 결정한다면, 결국 그는 '쪽박'을 찰 수밖에 없다. 대통령 선거에 나갔을 때도 당선 가능성이 높다는 참모의 말만 듣고 그 반대의 가능성을 말하

부정적인 정보를 통제함으로써 자신의 권력을 보다 안정적으로 유지하고 싶은 마음, 이것이 독재자의 욕망이다.

는 참모의 말을 무시하는 후보자가 있다면, 그는 낙선의 아픔을 감수할 수밖에 없다. 노력은 노력대로 들였는데 이게 무슨 헛고생이란 말인가. 하지만 후회한다고 해서 상황을 되돌릴 수도 없는 법이다.

권력자들은 대개 자신에게 유리한 정보만을 취하려 들기 마련이다. 독재자일수록 그런 욕망이 강하다. 부정적인 정보를 통제함으로써 자신의 권력을 보다 안정적으로 유지하고 싶은 마음, 이것이 독재자의 욕망이다. 이런 욕망 때문에 독재자들은 다양한 정보의 소통을 억제한다. 백성들의 눈과 귀를 막는다는 것은 이를 두고 하는 말이다.

독재자들은 바른말을 하는 백성을 유언비어(流言蜚語)를 퍼뜨렸다는 죄목으로 가두고, 진실을 담은 책을 썼더라도 불온한 내용을 담았다는 이유로 그 책을 읽어서는 안 될 금서(禁書)로 만들어 버린다. 심지어는 바른말을 하는 선비를 땅에 파묻어 버리고, 정치적 견해를 밝힌 책들을 불에 태워 버린다. 진시황의 분서갱유(焚書坑儒)가 바로 그런 경우다. '焚書'는 '책을 태운다'는 뜻이고, '坑儒'는 '선비를 땅에 묻는다'는 뜻이다. 자신에게 적대적인 사실들은 말끔히 청소해 버리고 자신에게 유리한 정보만을 취하겠다는 것이 분서갱유(焚書坑儒)를 단행한 진시황의 의도였을 것이다.

　이 모든 것이 듣기 싫은 말은 듣지 않겠다는 태도 때문에 빚어진 일이다.

왜 TV 속의 이미지를
그대로 믿으면 안 될까?

  요즘 같은 시대에 진시황처럼 언론을 통제할 수는 없다. 인터넷이 발달하여 언론을 완벽하게 통제한다는 것도 사실상 불가능하다. 스마트폰으로 전하고 싶은 내용이나 이미지를 언제 어디서든 타인에게 전달 가능한 것이 오늘날이다. 그러니 진시황처럼 노골적이고 직접적인 방식으로 언론을 통제할 수는 없다. 그 대신, 겉으로는 드러나지 않도록 하는 방식이 알게 모르게 통용되고 있다. 총과 칼을 들이대고 위협하는 노골적인 협박의 방식이 아니라, 부드럽게 웃으면서 말하는 세련된 방식이 오늘날의 언론 통제 방식이다.
  한 국가의 지도자가 재래시장을 방문한다. 그 시장에서 떡볶이를 파는 한 노인의 손을 잡고는 "힘드시죠? 조금만 더 참아 주세요."라고 말하는 모습이 텔레비전에 나온다. 지도자의 눈에는 그렁그렁한

광고는 우리들에게 행복의 이미지를 보여 주지만,
광고 속 상품이 행복을 보장해 주지는 않는다.

눈물까지 매달려 있다. 그는 또 고아원을 방문한다. 어린아이들을
품에 안으며 환하게 미소 짓는 모습이 텔레비전에 나온다. 이번에
는 농촌의 모내기 현장이다. 바지를 걷고 농부들과 같이 모내기를
하고 쉬는 시간에 사람들과 어울려 막걸리를 마시는 모습이다.

　이때 사람들이 보는 것은 무엇일까? 바로 텔레비전 화면 속의 이
미지다. 그럼 그 이미지가 말하고 있는 것은 무엇일까? 우리의 지
도자는 서민적이고 민정에 관심이 많다는 정보다. 그런데 만약 지
도자의 실체가 그 이미지와 정반대라면, 그 이미지는 거짓을 말하
는 셈이 된다. 하지만 이미지가 거짓이든 아니든 그 지도자가 정권
을 유지하는 데에는 도움이 된다. 사정이 이러니 권력자는 이미지
를 좋아할 수밖에 없다.

이미지를 정치에 이용할 때, 이를 두고 '이미지 정치'라고 한다. 자신의 '좋은 이미지'를 국민에게 심으려는 것이 이미지 정치의 전략적 핵심이다. 텔레비전·라디오·신문·잡지 등이 이미지를 전달하는 주요 매체다. '멀티미디어'라고 하는 인터넷은 더없이 훌륭한 이미지 정치의 도구다.

정치인만 이미지를 이용하지 않는다. 상품을 파는 사람들도 역시 이미지를 이용한다. 사진 속에는 무수한 행복의 표정들이 존재한다.

아파트 광고를 보라. 한 주부가 밝은 표정으로 거실을 청소하고 있다. 또 다른 아파트 광고는 온 가족이 거실에 모여 다정한 대화를 나누는 모습을 전한다. 자동차 광고는 또 어떤가. 한 가족이 자동차를 타고 교외로 나가 캠핑을 하며 즐거운 시간을 보내고 있는 모습을 보여 준다.

광고의 행복 이미지가 말하고 있는 것은 무엇일까? 당신도 광고 속 주인공처럼 행복해지고 싶거든 이 물건을 사라는 것이다. 이런 광고들은 물건을 사는 행위, 즉 구매가 곧 행복이라는 생각을 우리의 무의식에 불어넣는다. 그 결과 우리는 행복해지기 위해서는 무엇인가를 사야 한다는 망상에 빠지게 된다.

한번 생각해 보자. 생일 때, 뜨개질한 목도리를 받고 싶어 하는 사람이 많을까, 유명 상표의 목도리를 받고 싶어 하는 사람이 많을까. 아마도 후자 쪽일 것이다. 구매가 곧 행복인 시대가 '소비 사회'다. 텔레비전의 광고는 행복한 이미지를 반복해 보여 주면서 끊임없이 소비를 권장한다.

광고는 우리들에게 행복의 이미지를 보여 주지만, 광고 속 상품
이 행복을 보장해 주지는 않는다. 가령 광고가 보여 주는 행복의 이
미지에 속아서 빚을 얻어 차를 샀다고 하자. 매달 그 빚을 갚기 위
해서 더 많은 일을 해야 하고, 심지어는 퇴근 후에 부업까지 해야
한다면 삶의 질은 나빠질 수밖에 없다. 이런 경우, 실제의 삶은 광
고 속의 삶과는 전혀 다른 방식이 되고 만다.

은행 빚을 얻어 아파트를 샀을 때도 마찬가지 상황이 벌어질 수
있다. 빚을 갚다가 허리가 휠 정도로 피곤한 삶을 살아야 한다면,
과연 그 아파트가 행복을 보장한다고 할 수 있을까?

그러나 텔레비전 속을 보라. 모든 광고 속의 주인공들은 이를 드
러내며 환하게 웃고 있다. 그 웃음은 이렇게 말한다.

"이 집에 살면 행복해져요. 이 차를 타면 행복해져요."

하루에 20시간을 일해도 멋진 차만 있으면 행복할 거라고 생각하
는 사람이 있다면 광고 속의 이미지를 그대로 믿어도 된다. 야근을
밥 먹듯 하면서도 큰 집만 있으면 행복하다고 생각하는 사람이 있
다면 그 사람 역시 광고 속의 이미지를 그대로 믿어도 좋다.

광고가 진짜
말하고 싶은 것은
무엇일까?

원래 광고의 목적은 제품의 기능과 그 제품이 줄 수 있는 효과를 설명하는 것이다. 그러나 현재의 광고는 대부분 그런 설명을 하지 않는다.

냉장고가 처음 나왔을 때를 상상해 보자. 냉장고가 무엇인지 모르는 사람들에게 '냉장고는 음식을 상하지 않게 저온에 보관할 수 있는 장치'라는 구구절절한 설명을 할 수밖에 없었을 것이다. 수차례 그런 과정을 거쳐 대부분의 사람들이 냉장고의 기능을 알게 된다면, 더 이상 냉장고의 기능을 설명하는 광고는 등장하지 않는다.

다음에 등장하는 광고는 '절전형 냉장고'다. 그때는 '왜 이 냉장고가 다른 냉장고에 비해 전기료가 적게 드는지'를 설명할 것이다. 그런데 기술이 발달해서 다른 회사들도 절전형 냉장고를 개발했다면,

역시 기술을 소개하는 광고는 등장하지 않을 것이다.

다른 회사가 보유하고 있지 않은 기술을 적용한 제품이 광고에 등장하는 것은 매우 당연한 일이다. 또한 회사 입장에서는 다른 회사의 제품에 없는 기술을 개발하려고 심혈을 기울일 것이다. 그런데 기술이 발달하면 할수록 모든 제품은 비슷해지는 경향이 있다. 인터넷 쇼핑을 해 보면 이 회사의 노트북이나 저 회사의 노트북이나 큰 차이가 없음을 발견하게 되지 않던가.

기술의 격차는 비교적 쉽게 줄일 수 있지만 디자인은 그렇지 않다. 디자인이 주는 감성은 기술보다 더 오랜 시간 다른 회사를 앞지르며 혁신을 지속시킬 수 있다. 좀 더 멋지게, 좀 더 세련되게 보이도록 하는 것이 디자인 전략의 핵심이다. 제품뿐만이 아니다. 포장까지 그럴듯하게 만들면 물건은 더 잘 팔리게 되어 있다. '같은 값이면 다홍치마'라고 그럴싸한 그릇에 담기면 똑같은 음식도 더 맛있게 보이기 마련이다.

이런 사정 탓에 요즘의 제품들은 디자인과 포장에 신경을 많이 쓴다. 뛰어난 사진사들이 광고를 찍는 데 동원되고, 멋진 용모와 몸매를 가진 모델들을 거액의 광고비를 주고 섭외한다. 모두 다 제품을 돋보이게 하기 위한 전략이다

멋진 모델이 행복한 표정을 지으며 등장한다. 모델들은 그냥 멋지기만 한 것이 아니다. 자동차 광고 속의 남자는 기자들로부터 카메라 플래시 세례를 받는다. 아무나 이런 반응을 얻는 것이 아니

다. 그는 분명 성공한 사람임에 틀림이 없다. 그 광고가 전달하려는 목적이 바로 그것이다.

"이 차는 성공한 사람이 타는 차다. 당신이 성공했다면 이 차를 사라. 적어도 이 차는 당신이 성공했다는 이미지를 타인에게 심어줄 것이다. 성공의 이미지를 위해 이 차에 아낌없이 투자해라."

우리는 이런 광고의 공세를 어떻게 받아들여야 할까?

남들의 판단에
목숨을 걸어야 할까?

누구나 내 모습이 남들의 눈에 어떻게 비칠까를 걱정한다. 외출을 하기 전에 옷매무새를 단정히 하는 것도 그 때문이다. 가급적이면 남들에게 좋은 인상을 주고 싶은 것이 사람들의 욕망이다. 그런 욕망을 잘못이라고 할 수는 없다. 그러나 그것도 정도의 문제다. 지나치게 남의 시선을 의식하는 태도는 문제가 있다. 외출하기 전에 두세 시간을 몸단장에 소비하는 것은 생각해 볼 필요가 있다. 화장을 해도 적당히 하고 남을 의식해도 적당히 하라는 말이다. 축구 선수가 관중들의 시선을 너무 의식하면 플레이에 집중할 수가 없다.

일반적으로 줏대가 없는 사람, 자기에 대한 자존감이 약한 사람일수록 남의 시선을 더 많이 의식한다. 자기를 존중하는 마음, 즉 자존감이 강한 사람은 남의 시선을 크게 의식하지 않는다. 중요한 것은 내가 어떤 사람인가 하는 것이지 남의 시선이 아니기 때문이다. 스님이, 어떤 옷을 입을지 어떤 시계를 차야 할지를 고민한다면 그는 가짜일 것이 분명하다. 진리는 무엇을 소비할 것인가에 있지 않고, 어떻게 생각하고, 어떻게 행동할 것인가에 있다. 맞선을 앞둔 사람이라면 당연히 어떤 옷을 입어야 상대가 나를 좋게 봐 줄까 하는 관심을 가질 수밖에 없다. 하지만 스님은 영원한 독신이다. 신도에게 잘 보이려면 신앙심이 깊어야지 승복이 멋져야 하는 것은 아니다. 위대한 스님의 관심은 내적인 것에 있지 외적인 것에 있지 않다.

그러나 우리는 위대한 스님이 아니다. 좋은 것을 입으면 몸과 마음이 즐겁다. 몸에 나쁘다고 해도 아이스크림이 입에 들어오면 미소가 지어진다. 우리들은 어느 정도 속된 인간이다. 우리 모두에게 위대한 스님의 삶을 강요하는 것은 옳지 못하다. 그렇다고 해서 물질에 끌려가는 삶을 사는 것 또한 아름답지 못한 일이다.

오래된 휴대 전화, 이미 유행이 지난 옷은 우리를 불안하게 한다. 혹시 남들이 나를 시대에 뒤처진 사람이라고 부르진 않을까 하는 마음이 그런 불안을 만든다. 낡은 휴대 전화를 쓰고, 유행이 지난 옷을 입으면 왠지 나를 감각이 없는 사람, 융통성이 없는 사람으로 보지 않을까 하는 생각이 불안을 만든다.

그런데 줏대가 있는 사람은 다르다. 남들이 어떻게 보더라도 나의 관심은 남들의 시선에 있지 않고 다른 곳에 있기 때문이다. 위대한 스님의 관심은 진리에 있고, 학자의 관심은 학문에 있다. 위대한 과학자 아인슈타인의 관심이 패션에 있었다는 말은 들어 본 적이 없다. 그의 관심은 학문이었다.

자신의 시간과 정열을 투자하고 싶은 곳이 있는 사람이 바로 주관이 있는 사람, 줏대가 있는 사람이다. 그들은 자신의 정열과 시간을 진정으로 투자하고 싶은 곳이 있기 때문에 다른 곳에 신경을 쓸 여유가 없다. 패션에 관심이 많은 사람도 공부에 빠지면 겉모습에 투자하는 시간이 상대적으로 줄어들기 마련이다. 물론 이성에 빠지면 사정은 달라진다. 왜? 상대방에게 잘 보여서 그의 마음을 내 쪽으로 끌어당기기 위해서다.

그러나 사람에게 잘 보여야 하는 것은 겉모습만이 아니다. 겉모습도 중요하지만 속도 중요하다. 내 안의 열정, 내 안의 에너지를 보여 주는 것이 더 중요하다.

어떻게 한 소년의
생각이 세상을 바꿀 수
있었을까?

미국으로 이민 간 한국인 부모에게서 2남 1녀 중 막내로 태어난 사람이 있다. 이름은 대니 서, 그는 열두 살이란 어린 나이에 모임을 만들어 미국에서 가장 큰 청소년 환경 단체로 성장시켰다. 이런 공로를 인정받아 1995년 열여덟 살 때, '알베르트 슈바이처 인간 존엄상'을 받기도 했다. 이 상은 평생을 사회사업에 바친 사람에게 주는, 최고의 영예와 권위를 상징하는 상이다. 1998년에는 미국의 시사 잡지 〈피플〉에 의해서 '세계에서 가장 아름다운 사람 50인'에 선정되기도 했다.

대니에겐 형과 누나가 있었다. 그들은 머리도 좋았고, 공부도 잘했다. 일류 학교를 졸업한 형은 변호사로, 누나는 교육자로 성장했

우리는 우리 자신의 생각에 따라
행동할 필요가 있다.

다. 그러나 대니는 문제아였다. 어릴 적부터 고집불통이어서 심통
이 나거나 비위가 거슬리면 길에서도 벌렁 드러눕기가 일쑤였다.

그런데 이 아이에게는 놀라운 열정이 있었다. 열두 살 되던 해 생
일을 축하하러 온 친구들을 설득하여, '지구 2000년'이라는 환경
보호 단체를 결성했다. 열세 살 때는 유서 깊은 숲인 '히든 폰드'의
개발을 막는 숲 지키기 캠페인을 벌여 60에이커의 숲이 무분별하게
개발되는 것을 막았다. 그는 생물 시간에 필수로 해야 하는 동물 해
부 실험을 거부할 수 있는 법도 통과시켰다.

특히, 모피 코트 불매 운동은 그의 열정이 어떤 것인가를 보여 주
기에 부족함이 없다. 동물을 잡아 만드는 모피 코트가 부당하다고
생각한 대니는 모피 코트를 파는 '러너 뉴욕' 판매 담당자에게 전화

를 걸어 모피 제품을 판매하지 말 것을 요청한다. 그러나 백화점의 대변인은 "우리 백화점은 동물의 권익보다 패션을 중요하게 생각한다."라는 답장을 보내 온다.

어린아이라고 만만하게 봤는지도 모르겠지만, 가만히 주저앉을 대니가 아니었다. 그는 '지구 2000' 회원들에게 1,500여 통의 편지를 보내 행동 강령을 전달하고, 200여 언론 기관에 "모피를 파는 러너사를 상대로 10대 소비자들이 투쟁한다."라는 보도 자료를 발송했다.

그 후 수주일 동안 회원들은 러너사에 항의 편지를 보냈고, 러너사 제품을 구매하지 말 것을 주변에 설득했다. 결국 800여 개에 이르는 뉴욕 러너 가게들은 모피를 팔지 않겠다고 선언하게 된다. 거대 기업을 상대로 싸움을 벌인 소년의 승리였다. 오래지 않아 '지구 2000'이라는 단체는 회원 26,000여 명을 자랑하는 미국 최대의 청소년 환경 보호 단체로 성장한다.

『작은 실천이 세상을 바꾼다』라는 책에서 대니 서는 이렇게 말한다.

"광고주나 매체, 친구들, 그리고 우리 가족은 우리에게 무엇을 생각해야 하고 무엇을 생각하면 안 되는지를 매일매일 귀가 따갑도록 가르쳐 주고 있다. 그렇지만 우리는 이런 가르침을 무시하고 우리 자신의 생각에 따라 행동할 필요가 있다."

아마도 모피 광고는 여타의 다른 광고들이 그렇듯 행복을 말했을 것이다. 모피가 삶을 포근하게 감싸 줄 것이라고, 모피가 당신의 행복을 키워 줄 것이라고…….

하지만 대니는 광고를 의심했고, 무엇이 행복인지를 따져 물었다. 동물의 살갗을 빌려 나의 몸을 따스하게 하는 것이 과연 옳은 일인가를 반성했다. 바로 그 반성이 그를 '세계에서 가장 아름다운 사람 50인'의 한 명으로 선정되게 한 것이다. 그의 옷차림과 외모가 그를 아름다운 사람으로 만든 것이 아니다.

그의 책을 추천한 환경 이론가는 이렇게 말한다.

"바닷물이 썩지 않는 까닭은 3퍼센트의 소금이 있기 때문이다. 대니 서가 바로 그런 3퍼센트의 사람이다. 아니 그런 3퍼센트의 사람을 만드는, 순수하고도 열정적인 영혼이다."

왜 사람들은
유행을 따라가지 못해
안달을 할까?

요즘 텔레비전은 웬만해선 고장이 잘 나지 않는다. 튼튼할뿐더러 기능도 탁월하다. 자동차도 마찬가지다. 사정이 이렇다 보니 고장이 나서 물건을 버리는 경우는 매우 드물다. 아파트 앞에 놓인 헌옷 상자를 보라. 얼마든지 입을 수 있는 옷들이 대부분이다. 해진옷이나 낡은 옷은 드물다. 그런데 왜 멀쩡한 옷을 버릴까. 답은 간단하다. 기능이나 상태와 상관없이 유행이 지났기 때문이고, 디자인이 시대에 뒤떨어졌기 때문이다.

세련된 옷이 세련된 나를 말해 주고, 티프한 옷이 티프한 나를 말해 준다고 사람들은 생각한다. 심지어는 마음이 약하고 소심한 사람들도 머리에 무스를 잔뜩 바르고 가죽 재킷을 입는다. 물 빠진 청

바지에 구멍을 숭숭 뚫거나, 금속으로 된 목걸이를 하고 귀를 뚫어 피어싱을 한다. 모두 터프하게 보이고 싶은 마음 때문이다. 이런 태도에는 실제야 어떻든 겉으로 드러난 모습을 통해 얼마든지 자신의 본질을 조작할 수 있다는 생각이 바탕에 깔려 있다고 할 수 있다.

현실에서는 소심해도 인터넷 카페에서 '터프가이'란 아이디나 닉네임으로 터프한 글을 쓰면, 사람들은 그가 정말로 터프한 사람일 거라고 착각한다. 자신의 본질을 바꾸기 힘든, 그러나 자신을 좋은 이미지로 포장해야 할 필요가 있는 사람들은 겉모습에 신경을 쓴다. 사기꾼들이 좋은 옷을 입으려고 하는 것도, 정치인들이 이미지 정치를 하는 것도 마찬가지다. 실제를 바꾸는 것보다 남들에게 보이는 이미지를 만드는 것이 비용이 훨씬 적게 들기 때문이다.

대부분의 사람들은 감각이나 유행에서 뒤처진 사람이라는 평가를 받는 걸 싫어한다. 그런 평가를 받게 되면 유행을 따르는 무리로부터 소외된다고 믿는다. 단적으로 말해 이것이 사람들이 유행에 그렇게 죽자 사자 집착하는 진짜 이유다. 집단의 한 사람이기를 소망하는 마음이, 그리고 상처를 입을까 두려워하는 마음이 유행에 집착하게 만든다.

어떤 집단에 소속되어 있다는 사실은 우리에게 심리적 안정감을 준다. 가족은 우리에게 소속감을 준다. 국가도 그렇다. 가족도 없고, 국가도 없다면 우리의 존재는 훨씬 불안정할 것이다.

어떤 집단에 소속되어 있다는 사실은 우리에게 심리적 안정감을 준다.

　무리를 지어 생활하는 얼룩말은 자신의 무리에서 벗어나면 불안을 느낀다. 힘이 약하고 경험이 부족한 새끼는 무리에서 벗어났을 때 어른 얼룩말보다 훨씬 더 큰 불안감을 느낄 것이다. 사람도 마찬가지다. 힘이 약한 사람일수록 집단에서 소외되는 것을 두려워한다. 그래서 본능적으로 무리 속에 끼어들려고 한다. 힘이 약한 존재에게 혼자가 된다는 것은 죽음을 의미한다.

　불교의 경전에는 '무소의 뿔처럼 혼자서 가라'라는 구절이 나온다. 그러나 아무나 혼자서 갈 수 있는 것이 아니다. 누구에게 의지하지 않고 독립적으로 행동하려면 호랑이처럼 강인한 발톱과 이빨과 힘이 필요하다.

　하지만 청소년기는 불안정한 나이다. 경험도 짧고, 가진 것도 없다. 자유롭게 살고 싶지만 독립을 하기에는 여러 가지로 부족한 나이다. 결국 그는 가족에 소속될 수밖에 없고, 학교에 소속될 수밖에 없다. 또 정서적인 안정을 위해서는 또래 집단에 속할 수밖에 없다. 또래 집단에 속하기 위해서는 또래들과 비슷한 생각을 하고 비슷한 취향을 가져야 한다.

'모난 돌이 정 맞는다'는 말은 집단의 성격이 뚜렷한 곳일수록 진리다. 모두들 힙합이나 R&B를 좋아하는데 혼자만 트로트를 좋아한다면 '왕따'를 감수해야 할지도 모른다. "쟤는 튀는 애야."라는 평가와 함께 주위로부터 차가운 시선이 돌아올 수도 있다. 이런 경우 왕따를 피하기 위해서는 남들이 입는 옷을 적당히 입어 주어야 하고, 남들이 좋아하는 음악을 적당히 들어 주어야 하고, 남들이 다 들고 다니는 휴대 전화라면 나도 그래야 한다. 너무 튀어도 곤란하지만, 너무 유행에 뒤떨어져도 곤란하다.

그러나 과연 이런 행동이 독립적인 것일까?

독립적으로 살기 위해
필요한 것은 무엇일까?

힘이다. 힘이 있어야 혼자 살 수 있다. 『자유의 길』이란 책을 읽어 보았는가? 책에는 미국 남북 전쟁 이후 노예들이 해방이 되었음에도 불구하고 대다수가 일하던 농장으로 다시 돌아갔다는 이야기가 실려 있다.

왜 자유가 주어졌는데도 다시 노예의 길로 돌아간 것일까? 힘이 없어서다. 노예가 힘이 없다고? 그들에겐 우람한 근육이 있다. 힘은 근육에서 나오지 않던가? 노예들이 힘이 없다는 것은 말도 안 되는 이야기다. 맞는 말씀이다. 그러나 그것은 하나만 알고 둘은 모르는 이야기다.

힘은 근육에서만 나오지 않는다. 근육의 힘은 농사를 짓고 사냥을 할 때는 유용하지만 세상이 바뀌면 힘의 성격도 바뀐다. 사냥을 할 때는, 창과 칼을 능숙하게 다루기 위한 근육의 힘이 필요하지만 농사를 짓게 되면 앎의 힘이 더 필요하게 된다. 씨앗의 성질을 알고 농사법에 대한 지식을 아는 것이 근육의 힘보다 더 쓸모가 있기 때문이다. 결국 근육의 힘만 힘이 아니라는 이야기다. 근육의 힘이 근력이라면, 지혜의 힘은 지력이고, 돈에서 나오는 힘은 금력이고, 권위나 위계적 질서에서 나오는 힘은 권력이고, 정보에서 나오는 힘은 정보력이다. 또한 타인과 쉽게 친해질 수 있는 힘은 사교력이다.

무소의 뿔처럼 혼자서 가기 위해서는, 즉 독립적으로 살기 위해서는 이 모든 힘이 다 필요하다. 자유롭고 싶다고 해도 힘이 없으면 해방된 노예들이 그랬듯이 종속의 길을 걸을 수밖에 없다. 배운다는 것은 힘을 기르기 위해서다. 호랑이 새끼도 사냥하는 법을 배우지 않고서는 독립을 할 수가 없고, 새도 날기를 배우지 않으면 독립이 불가능하다.

성인이 된 후에도 부모님에게 얹혀 사는 사람들을 '캥거루족'이라고 한다. 왜 그들은 독립적으로 살지 못할까? 직장을 구하지 못했기 때문이기도 하고, 직장을 구했어도 월급이 적어 부모에게 경제적으로 의존할 수밖에 없기 때문이기도 하다. 돈은 독립하는 데 중요한 요소 중 하나다. 직장이 있는 여성일수록 결혼을 하지 않고 지내는 독신 비율이 높은 것도 그런 이유다. 직장이 있고, 일정한 수입원이 있으면 훨씬 더 자립적인 생활을 할 수가 있다.

'여자 팔자는 뒤웅박 팔자'란 말도 있다. 뒤웅박은 박을 쪼개지 않고 꼭지 근처에 구멍만 뚫어 속을 파냈기 때문에 뒤웅박에 곡식을 넣으면 잘 쏟아지지 않는다. 여자의 팔자도 마찬가지란 이야기다. 남자를 잘못 만나면 거기서 헤어 나오기가 어렵다는 데서 이 말이 나왔다. 혹은 뒤웅박의 끈이 떨어지면 어찌할 도리가 없듯이, 여자의 운명은 남편에게 매인 것이나 다름없다는 의미이기도 하다. 다시 말해 여자의 삶은 남자에 의해 결정된다는 말이니, 여자의 삶이 독립적이기 힘들다는 의미를 내포하고 있다.

그러나 이런 속담은 과거의 것이다. 이제 여성들도 자립할 수 있는 경제력뿐만 아니라, 전문적인 실력도 갖추고 있으니 이런 낡은 속담은 무시해야 마땅하다.

왜 사람들은
똑같은 사물을
다르게 보는 것일까?

오래전의 일이다. 어머니는 손가락으로 촛불을 끄기도 하셨고, 뜨거운 국그릇이나 냄비를 아무렇지 않게 손으로 쥐기도 하셨다. 어머니께서 건네주는 국그릇을 받아 쥐다가 그만 소스라치게 놀라 국그릇을 엎은 적도 있었다. 그때 어머니는 내게 이렇게 말씀하셨다.

"무엇이 뜨겁다고 호들갑이냐?"

빨래나 설거지를 많이 하다 보면 피부가 거칠어진다. 발바닥이 손바닥보다 거친 이유도 체중을 견뎌 내야 하는 등 노동량이 손바닥보다 훨씬 많기 때문이다. 아주 예전에는 헌 신을 꿰매어 고치는 일을 하는 신기료장수가 있었다. 그들의 손은 마치 발바닥처럼 굳은살투성이였다. 굳은살이 박인 손은 감각이 둔해진다. 나의 어머

왜 사람마다 보는 눈이 다를까? 그것은 성장 환경이 다르고, 지식의 정도가 다르고, 관심과 욕망이 다르기 때문이다.

니 또한 그러셨다. 신기료장수만큼이나 거친 일을 하시다 보니 손바닥과 손가락에 굳은살이 박이고 살갗이 두꺼워져 냄비가 뜨거워도 감각을 느끼지 못하셨던 것이다.

하지만 아이들은 어른들보다 살갗이 연하기 때문에 뜨거움에 대한 반응도 어른들보다 민감할 수밖에 없다. 그런데도 어른들은 마치 아이들이 엄살을 부리거나 호들갑을 떠는 것으로 생각한다. 아이 입장에서 생각하지 않고 어른 입장에서 생각하기 때문이다. 나의 어머니 또한 나의 입장에서 생각하지 않으셨던 것 같다. '내가 냄비를 뜨겁게 느끼지 않는다면, 아들도 뜨겁게 느끼지 않을 것이다.'라는 것이 어머니의 생각이었을 것이다. 그러나 한 사물에 대한 느낌은 물론이고, 그 사물을 보는 방식은 저마다 다를 수밖에 없다.

사람들은 자신이 보는 것이 절대적인 것처럼 생각하는 경향이 있다. 어떤 사람은 위 그림에서 토끼를 보겠지만 어떤 사람은 오리를 볼 것이다. 그런데 그림에서 오리만 본 사람은 다른 사람도 오리만 볼 것이라고 생각한다. 그러나 그런 기대는 깨질 수밖에 없다. 누군가는 토끼를 보고, 또 누군가는 둘 모두를 본다.

왜 사람마다 보는 눈이 다를까? 그것은 성장 환경이 다르고, 지식의 정도가 다르고, 관심과 욕망이 다르기 때문이다. 토끼를 많이 기르던 곳에서 자랐던 사람이라면 앞의 그림을 토끼로 볼 가능성이 높다. 만약, 토끼를 한 번도 보지 않은 사람이라면 아마도 저 그림 속에서 누워 있는 오리를 볼 가능성이 높다. 이처럼 그가 어떤 환경에서 성장하고 생활했는가는 그 사람의 관점에 큰 영향을 끼친다.

한 사람이 가진 지식의 정도도 그 사람의 보는 방식에 큰 영향을 끼친다. 외국의 도시로 여행을 갔을 때, 도시에 대해 배경 지식이 풍부한 사람은 많은 것을 기억하지만, 그렇지 않은 사람은 기억할 수 있는 것이 상대적으로 적을 수밖에 없다. 또 야구 시합을 야구 선수가 관전했을 때와, 야구를 모르는 사람이 관전했을 때를 비교해 보자. 선수가 그 경기에 대해 훨씬 더 많은 것들을 이야기할 수 있을 것이다. 이처럼 어떤 사물에 대한 지식이 있느냐 없느냐에 따라 보는 방식과 기억하는 방식은 달라질 수 있다.

관심과 욕망이 달라도 보는 것이 달라진다. 한 편의 영화를 보더라도 배가 고픈 사람, 그래서 무엇인가를 먹고 싶다는 욕망을 가진 사람은 영화에 나오는 먹거리에 관심을 둘 것이 분명하고, 미녀를 좋아하는 사람이라면 멋진 여주인공을 유심히 볼 것이 분명하다. 숲을 보면서 어떤 사람은 나무를 이용해 무슨 가구를 만들 것인가를 고민하겠지만, 어떤 사람은 나무들의 건강한 아름다움을 볼 것이다. 똑같은 집을 보더라도 아버지는 집의 외관이나 경제적 가치를 따져 볼 수 있고, 어머니는 주방과 욕실을 유심히 볼 수 있다. 이렇게 같은 사물을 보았다 하더라도 보는 관점이 다르기 때문에 본 내용은 저마다 다르다.

인간이 보는
세계가 절대적인
세계일까?

　뜨거움을 인식하는 것에서 어른과 아이가 차이가 있듯, 같은 사물을 두고도 인식하는 방법은 제각각이다. 예를 들어, 뱀은 인간과는 전혀 다른 방식으로 사물을 본다. 뱀은 세상의 사물을 볼 때 마치 적외선 카메라처럼 온기를 가진 것과 그렇지 않은 것으로 식별한다. 빛이 없는 동굴에서 사는 박쥐는 눈이 퇴화되어 사물을 볼 수 없는 대신 초음파로 세상을 식별한다. 이렇게 사람과 뱀과 박쥐는 보는 방식이 다르고, 그 결과 동일한 대상을 같이 보더라도 인식하는 내용이 다르다. 그런데도 사람들은 내가 보는 방식으로 다른 동물들도 세상을 바라본다고 착각한다.

　『동물과 인간 세계로의 산책』을 쓴 야곱 폰 웩스쿨은 인간이 세상을 인식하는 방식과 동물이 세상을 인식하는 방식이 사뭇 다르다고 말한다. 그는 온혈 동물의 피를 먹고 사는 진드기는 온혈 동물을 눈이 아니라 지각 세포로 감지하는데, 이 지각 세포는 포유동물의 몸에서 나는 탄소 냄새에만 반응한다고 한다. 진드기를 둘러싸고 있는 다양한 환경에는 식물의 냄새, 빗물 소리, 바람 소리, 새의 노랫소리 등이 있을 수 있지만, 진드기에게는 이런 다양한 세계가 아무런 의미가 없다고 한다. 포유동물의 몸에서 나는 냄새와 체온과 피부의 접촉 자극이라는 세 가지만이 진드기에게 의미가 있다는 것이다.

야콥은 사람이 보는 세계만이 절대적인 것이 아니라고 주장한다. 즉 어떤 사물을 보는 방식은 사람마다 다르고, 동물마다 다르다. 뱀에게도, 박쥐에게도, 진드기에게도 저마다 세상을 보는 방식이 따로 있다.

내가 사는 곳의
문화만이 옳은가?

인간은 '자기'를 중심으로 생각하는 경향이 있다. 문화권이 달라지면 생각의 체계도 다르고, 가치관도 다른 것이 당연한데도 내가 살고 있는 곳의 문화만이 절대적으로 옳다는 그릇된 신념을 주장하는 경우를 흔히 볼 수 있다.

일제 강점기 때, 일본 제국주의자들은 강압적으로 우리의 상투를 자르려고 했다. 하지만 '몸과 머리털과 피부는 부모님으로부터 받은 것이라, 감히 헐거나 상하게 하지 않는 것이 효의 시작'이라고 생각했던 조상들은 차라리 목을 자르라며 항거했다. 부모님께서 주신 몸을 함부로 하지 않는 것이 신체를 대하는 우리 조상들의 태도였다.

티베트에는 시신을 토막 내어 새들의 모이로 주는 '천장(天葬)'이라는 매우 독특한 장례 문화가 있다. 시신을 새들에게 먹인다고 하여 '조장(鳥葬)'이라고도 불린다. 티베트를 지배하게 된 중국은 티베트의 이런 장례 문화를 금지시켰다. 시신을 토막 내는 것은 야만적이라는 것이 천장을 금지한 중국의 입장이었다. 그러나 티베트인들은 이에 굴복하지 않았다. 중국 당국이 사원을 폐쇄하고, 경전을 태우고, 불상과 불화를 파괴하고, 건물을 무너뜨리고, 승려들을 죽이면서까지 막으려 했지만 티베트인들은 시신을 처리하는 전통적인 방법을 포기하지 않았다.

남의 문화에 대해 강압적인 금지를 행한 중국의 처사가 옳은 것은 아니지만, 우리 입장에서 생각해 봐도 시신을 토막 내는 것은 엽기적이라는 생각이 든다. 그런데 천장이 과연 혐오스러운 문화인지에 대해서는 좀 더 생각해 볼 필요가 있다. 그것은 티베트의 자연환경과 티베트식 불교문화가 낳은 독특한 장례 의식이기 때문이다.

티베트는 한랭하고 건조한 기후 때문에 땅에 시신을 묻어도 쉽게 썩지 않으며, 몇몇을 제외한 대부분의 지역에서 목재를 구하기도 쉽지 않다. 그래서 시신을 태우는 화장(火葬)은 일부 특권층이 아니면 엄두도 낼 수 없다. 물에 시신을 흘려 보내는 수장(水葬)도 생각해 볼 수 있겠지만, 수장은 물을 오염시키게 되니 이 또한 문제가 아닐 수 없다. 이런 여러 상황이 천장이라는 문화를 낳았다. 천장은 티베트에서 가장 빠르고 깨끗하게 시신을 처리하는 방법이다.

단지 편리하다는 이유만으로 티베트인들이 천장을 택한 것은 아니다. 천장에는 티베트인들의 불교적 가치관이 투영되어 있다. 육신은 한낱 고깃덩어리에 불과하다고 생각하는 티베트인들은 천장을 죽은 자가 자신의 시신을 새들에게 보시(布施)함으로써 인생을 선행으로 마무리하는 명예로운 방법이라고 생각했다. 어차피 썩어 없어질 허무한 육체에 대한 집착을 버리고 인간의 몸을 살아 있는 동물들의 먹잇감이라도 되게 하자는 생각이 천장에 담긴 종교적 의미라 할 수 있다.

티베트의 자연환경과 그들의 종교를 고려한다면 천장 문화를 나쁘게 평가할 수는 없다. 그러나 중국인들은 천장을 야만적인 것으로 규정하고 그것을 금지했다. 티베트인들이 중국의 처사에 반발한 것은 자명한 이치다.

이와 유사한 사례는 비일비재하다. 1964년 도쿄 올림픽 때, 미국의 시사 잡지 〈타임〉은 팔딱거리는 생선을 회로 먹는 일본인의 식습관에 대해 야만스럽다는 기사를 대대적으로 실은 적이 있다. 그러나 40여 년이 지난 지금 어느 누구도 생선회를 먹는 일본인의 식습관을 비난하지 않는다. 오히려 미국에서도 일식이 폭넓은 인기를 얻고 있다.

일찍이 문화 인류학자들은 문화와 문화 사이에는 엄청난 차이가 존재한다는 사실을 발견했다. 기본적인 의식주는 물론 말과 행동, 가치관과 종교적 신념 사이에 근본적인 차이가 있다는 것이다.

에드워드 홀의 저서 『침묵의 언어』는 재미있는 에피소드 하나를 전한다. 홀이 인디언 마을의 무도회에 갔을 때 겪었던 이야기다.

홀 일행이 추위를 참으며 아무리 기다려도 인디언들은 무도회를 시작하지 않았다. 그래도 언젠간 시작하겠거니 백인 참석자들은 그야말로 눈이 빠지게 기다렸다. 그러나 아무리 기다려도 시작할 기미가 없었다. 기다리다 못해 거의 기진맥진해 있을 무렵, 아무런 예고도 없이 북소리가 나며 무도회가 시작되었다고 한다.

백인들의 상식으로는 정해진 시간에 행사를 시작해야 한다. 하지만 인디언들은 때를 기다린다. 그들의 표현을 빌리자면, 모든 일에는 '사태가 무르익었을 때'가 있다는 것이다. 무도회를 기다렸던 백인들은 분노했을지도 모른다. 하지만 인디언들은 '사태가 무르익었을 때' 시작하는 것이 왜 잘못인지 반문할 것이다.

세상일에는 다 때가 있는 법이다. 아이는 성인이 되어야 결혼할 수 있고, 열매는 익어야 그 맛을 충분히 알 수 있다. 충분히 '사태가 무르익는 때'를 보아서 어떤 일을 한다는 것은 자연의 법칙에 순응하는 일이다.

타인의 입장에서 보지 못한다면 우리는 결국 자기주장만을 되풀이하게 된다. 그러나 입장을 바꾸어서 생각해 보면 우리가 하는 많은 '짓'도 다른 이들의 눈에는 우스꽝스럽게 비칠 수가 있는 법이다. 가령 티베트인들의 눈에는 시신을 꽁꽁 묶어 관에 가두고 땅을 파서 흙에 묻고 다지는 우리의 장례 문화가 오히려 끔찍하게 보일지도 모른다. 죽은 사람의 영혼을 새와 함께 공중으로 자유롭게 날려보내야 마땅한데 왜 어두운 땅속에 가두는지 그들은 이해하지 못할 테니까. 게다가 우리의 매장 문화를 이대로 두었다가는 전 국토가

공동묘지가 될 수도 있는데 굳이 전통 방식이라 하여 매장만을 고집한다면 어떻게 될까? 이런 우리를 보고 티베트인들은 야만적 별종이라 생각할지도 모른다.

성경의 말씀처럼, 제 눈의 대들보는 보지 못하면서도 남의 눈에 있는 티끌은 잘 보는 존재가 사람이다. 자신만이 옳다 여기거나, 남의 문화를 삐딱한 시선으로 바라보는 것은 경계해야 한다. 프랑스의 여배우 브리짓드 바르도와 관련된 이야기는 우리가 다른 문화를 어떻게 바라보아야 하는지에 대한 성찰을 제공한다.

프랑스 법원은 브리짓드 바르도가 회교도 축제 의식에서 양 잡는 것을 '회교도들의 테러'니, '회교도들이 프랑스를 피로 적신다'느니 하며 비난한 데 대하여 인종 차별과 인종 간 폭력을 조장한 혐의로 벌금 2만 프랑을 선고하였다.

이 여배우는 예전에도 개고기 식용을 언급하며 한국인들을 야만인으로 규정한 적이 있었다. 이에 한 국회 의원이 그녀에게 공개 서한을 보내 '당신은 문화적 상대주의도 모르는 무식쟁이'라고 비난했다.

자기 나라의 관점에서 다른 나라의 문화에 대해 '좋다, 나쁘다'를 평가할 수 없다는 것이 '문화 상대주의Cultural Relativism'다. 아랍에서는 약속 시간에 한 시간쯤 늦는 것이 도덕적으로 문제가 되지 않지만, 미국에서는 몇 분만 늦어도 큰 결례라고 생각한다. 로마에 가면 로마의 법을 따르라는 말이 있다. 브리짓드 바르도는 프랑스의 문화를 기준으로 한국의 문화를 평가했다. 제 나라의 문화만이 옳다고 믿거나, 서양의 문명은 이성적이고 동양의 문명은 야만적이라는 식의 서구 우월주의가 그녀의 무의식에 깔려 있는 것은 아닌지 의심스럽다.

한 문화권에서 옳은 것이 다른 문화권에서도 옳은 것이 될 수는 없다. 각 문화권마다 바람직하다고 여기는 개념은 서로 다르다. 문화가 다르면 신념 체계도 다른 법이다. 그럼에도 자신만의 잣대로 타국 문화의 옳고 그름을 문제 삼는 태도는 옳지 못하다. 자신의 문화를 보편적인 기준으로 내세우며 자신의 문화가 다른 문화보다 앞섰다거나 우월하다고 말할 수도 없다. 바로 이것이 문화 상대주의의 핵심이다.

모든 문화를
다 존중해야 하는 것일까?

이집트에는 여성의 성적 쾌감은 부도덕한 것이라 하여 사춘기 소녀의 성기에 상처를 가하는 문화가 있었다. 중국에는 산 사람을 죽은 사람과 함께 매장하는 순장(殉葬) 풍습이 있었다. 돌·코코넛·절굿공이 같은 딱딱한 물건으로 소녀들의 가슴을 짓눌러 발육을 방해하는 카메룬의 '가슴 다림질'도 있다. 과연 이런 풍습도 하나의 문화로 존중해야 하는 것일까?

이집트의 여성 할례는 여성의 성욕을 억제하기 위해 여성의 성기에 칼을 대는 시술이다. 우리에게는 생소한 개념이지만, 이집트 여인들에게는 숙명과도 같은 것이다. 할례를 받지 않은 여성은 결혼조차 할 수 없었다. 할례를 받지 않으면 부도덕하다고 간주하는 사회적 관습 탓이다.

여성 할례에 대해서는 이집트에서도 뜨거운 논란이 있었다. 할례 시술 과정에서 소녀들이 목숨을 잃는 일이 잇따랐기 때문이다. 문제가 불거지자 1997년 이집트의 최고 법원은 여성 할례 금지 판결을 내렸다. 자국의 문화에 도덕적 문제가 있음을 스스로 인정한 셈이다.

카메룬에서 어머니들이 딸의 가슴을 '다리는' 것도 마찬가지다. 여성의 성적 매력을 없애 성희롱이나 강간의 위험을 막기 위해서라고 말하지만, 그것이 진짜 이유는 아니다. 단지 관습 때문이라고 보는 것이 옳다. 중부 아프리카의 여성 중 약 400만 명이 가슴 다림질로 고통을 받았다는 조사 결과도 있다.

이렇게 본다면, 과거에서 전해져 내려온 것을 무조건 전통으로 보고 그것을 존중해야 한다고 주장하는 것은 잘못이다. 핵심은 그것이 과연 보편적인 합리성을 갖는가에 있다.

남성과 여성은 동등한 존재라는 것이 21세기의 당연한 상식이다. 남성의 욕망이 존중받아야 한다면, 여성의 욕망 또한 존중받아야 한다. 여성의 욕망이라 해서 비도덕적인 것으로 간주할 수는 없다. 더구나 한 개인의 생명을 위험에 빠뜨리거나 고통을 주는 행위가 도덕적으로 정당하지 않다는 것쯤은 윤리적 상식에 속한다. 여성 할례에 대한 이집트의 최고 법원의 판결은 바로 이런 윤리적 보편성을 따른 것이다.

한 나라의 문화는 존중되어야 마땅하다. 그러나 보편적 상식에 어긋나는 문화마저도 존중해야 하는 것은 아니다. 이집트의 법원이 여성 할례에 대해 내린 판결 뒤에는 법과 윤리의 보편적 기준에서 자국 문화의 정당성 여부를 검토한 법관들의 노력이 숨어 있다. 우리가 배울 것은 바로 그런 노력이다. 나를 객관화하고 비판할 수 있는 정신.

타인도 나와 같을 것이라는 생각은 착각이다. 생김새도 다르고, 보는 것도 다르고, 가치관도 다른 것이 타인이라는 존재다. 프랑스의 철학자 파스칼은 『팡세』라는 책에서 이렇게 말하고 있다.

"피레네 산맥의 저쪽에서는 진리라고 믿는 것이 이쪽에서는 오류다."

사는 곳과 문화를 초월하여 모든 사람들에게 두루 통용될 수 있는 보편적이고 객관적인 기준이란 것이 과연 있을까? 타당한 기준을 설정하기가 쉬운 일이 아님에도 불구하고 우리는 곧잘 나의 기준과 취향을 타인에게 적용하려고 하는 잘못을 범한다. 나와 타인의 다름을 인정하지 않고, 타인을 자신에게 동화시키려는 것은 제국주의적 태도라고 할 수 있다.

제국주의는 서구 우월주의의 산물이다. 제국주의자들의 실제 속셈은 영토의 확장과 경제 논리였지만, 겉으로 내세운 명분은 이성의 전파였다. 이성 중심의 서구 문화를 비서구 세계에 전파하겠다며 정복 전쟁에 나선 것이 그들이 휘두른 칼날의 정체다.

그들에게 기독교는 선이었고 토속적인 종교는 야만이었다. 종교뿐만이 아니다. 야만적인 너희들을 문명의 빛으로 교화시켜 주겠다는 것이 제국주의자들의 논리였다. 제국주의자들은 침략의 야욕을 겉만 번지르르한 명분으로 미화시켰다. 다른 나라를 침탈한 것이 아니라 개화시킨 거라는, 그것이 자신들의 사명이라는 궤변을 늘어놓았다.

"너희들은 스스로 근대화를 추진할 만한 능력이 없으니까 우리가 너희들을 근대화시키겠다."

그들의 논리대로라면 침략을 받은 나라의 문화는 전근대적인 것이 되고, 전통적 믿음은 미신이 되며, 과학이 아닌 것은 모두 비이성적인 것이 된다. 식민지로 삼은 나라의 종교와 신념과 전통을 서구의 것과 '다른 것'으로 본 것이 아니라, 사라져야 할 '야만적인 것'으로 규정한 것이다.

차이와 다름을 인정하지 않는 데 다툼이 있고 분쟁이 있다. 그 대표적인 예가 십자군 전쟁이다. 자신의 신만이 유일한 진리의 신이고, 타인의 신은 타도해야 할 대상이라고 보는 배타주의적 태도가 수많은 목숨을 전장에서 사라지게 했다.

얼마 전 우리나라에서도 한 종교 단체가 단군상의 머리 부분을 훼손한 사건이 있었다. 자신의 신앙만이 정통이고 다른 신앙은 모두 사이비 아니면 이단이라는 생각이 이런 테러를 자행하게 했을 것이다.

종교는 근본적으로 대립과 분열을 지양(止揚)하고 평화와 공존을 지향(指向)하는 사상 체계다. 이것을 모른 채, 자신들만이 진리라는 독선을 부리거나, 타인의 종교를 배척하는 것을 마치 자신들의 종교에 대한 헌신쯤으로 착각하는 '자기중심주의' 는 참회해야 마땅하다.

나와 다른 문화를
어떻게 받아들여야 하는가?

1761년은 프랑스 사회를 발칵 뒤집어 놓은 '장 칼라스 사건'이 일어난 해다. 칼라스는 프랑스 남부 랑그도크 지방의 중심 도시인 툴루즈의 상인이었다. 어느 날, 신교도였던 큰아들이 집 안에서 목을 매 자살했다. 신교도라는 이유로 변호사의 길이 막혔기 때문이었다. 이 사건을 보기 위해 모인 군중 가운데 누군가가 "칼라스의 아들이 가톨릭으로 개종하려 했기 때문에 가족에 의해 살해당했다."라고 말했다. 근거 없는 주장이었지만 소문은 번져 나갔고, 시 당국은 무작정 칼라스를 체포해 갖은 고문을 하다가 결국 수레바퀴에 매달아 사지를 찢어 죽였다.

이 사건을 우연히 알게 된 볼테르는 부당한 재판 절차와 야만적인 형벌 제도에 분개했다. 그는 툴루즈 고등 법원의 사건 기록을 분

자신과 다르다는 이유로 타인을 배척하지 않는 태도. 나와 '다름'을 인정해 주는 태도가 관용의 본질이다.

석한 뒤, 숨어 살던 칼라스 부인을 찾아가 국왕의 재판정에 상고할 것을 권유했다. 볼테르는 수많은 글을 통해 이 사건의 부당성을 알려 마침내 칼라스가 처형된 지 3년이 지난 1765년 무죄와 복권 판결을 받아 낸다.

'장 칼라스 사건' 재판 과정 중이던 1763년에 볼테르가 쓴 책이 『관용론』이다. 이 책에서 볼테르는 관용의 역사를 살핀다. 책에 따르면 고대 아테네 시민들은 이방의 신들이나, 자신들이 알지 못하는 신들을 위해서도 제단을 세웠다고 한다. 로마의 원로원과 시민들 또한 신의 영역은 신들의 몫이라는 생각을 지니고 있었다고 한다. 즉, 그리스인들은 자신의 종교와 다르다는 이유로 타인의 종교를 타도해야 할 대상으로 삼지 않았다는 것이다.

이렇게 자신과 다르다는 이유로 타인을 배척하지 않는 태도, 나와 '다름'을 인정해 주는 태도가 관용의 본질이다. 그것은 타인이 나와 같아지기를 바라는 동일화의 욕망이 아니라, 나와 타인 사이에는 차이가 있음을 인정하고 배려하는 마음이다.

볼테르는 관용을 용납하지 않는 사람들은 예수의 진정한 제자가 아니라고 보았다. 그는 관용론에 대해 말한다.

"그리스도께서는 박해자들에 의해 돌아가시면서도 오직 온유와 인내만을 가르치셨다. 당신이 예수 그리스도를 닮고자 한다면 처형자가 아닌 순교자가 될지어다."

원수까지도 사랑하는 마음, 그것이 곧 관용의 본질이다. 나와 다르다고 해서 그들을 죄악시하는 것은 기독교인의 태도가 아니라는 것이 볼테르의 지적이다. 그는 또 이렇게 말한다.

"나는 당신이 말하는 것에 동의하지 않는다. 그러나 나는 당신이 당신의 의견을 말할 권리를 위해서는 목숨을 걸고 싸울 것이다."

하나의 문화가 보수적인 기득권을 누리면서 신생 문화를 억압할 때 문화는 질식한다. 문화의 생명은 다양성에 있다. 권력층의 문화나 귀족층의 문화, 혹은 지식층의 문화가 문화의 본질을 말해 주지는 않는다. 민중·귀족·청년·장년·도시·지방·남성·여성에 이르기까지 여러 이질적인 것이 모자이크처럼 맞물려 하나의 탐스러운 문화를 형성하는 것이다. 나와 다름을 인정하지 않는 곳에 문화의 다양성은 꽃필 수 없다.

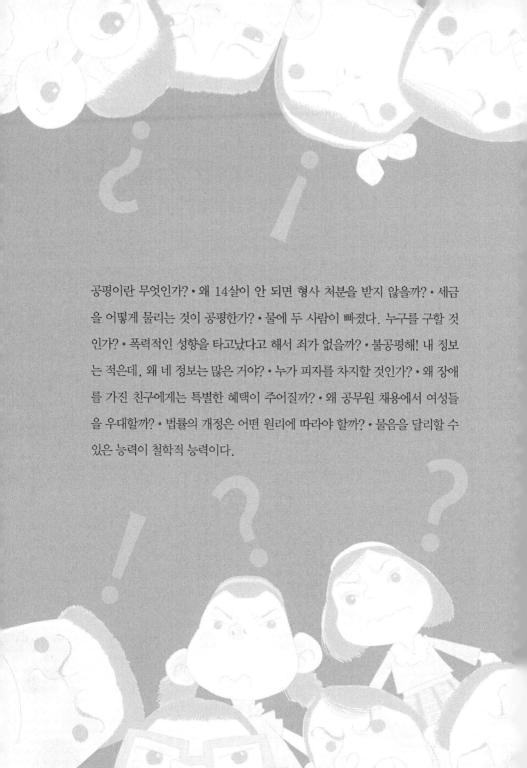

공평이란 무엇인가? • 왜 14살이 안 되면 형사 처분을 받지 않을까? • 세금을 어떻게 물리는 것이 공평한가? • 물에 두 사람이 빠졌다. 누구를 구할 것인가? • 폭력적인 성향을 타고났다고 해서 죄가 없을까? • 불공평해! 내 정보는 적은데, 왜 네 정보는 많은 거야? • 누가 피자를 차지할 것인가? • 왜 장애를 가진 친구에게는 특별한 혜택이 주어질까? • 왜 공무원 채용에서 여성들을 우대할까? • 법률의 개정은 어떤 원리에 따라야 할까? • 물음을 달리할 수 있은 능력이 철학적 능력이다.

공평

공평이란
무엇인가?

아침에 바로 눈을 뜰 것인가, 좀 더 잘 것인가, 어떤 옷을 입고 어떤 신발을 신을 것인가, 엘리베이터를 탈 것인가, 계단을 이용할 것인가, 버스를 타고 출근할 것인가, 택시를 타고 출근할 것인가, 어떤 메뉴로 점심 식사를 해결할 것인가······.

삶은 선택의 연속이다. 수많은 선택 사이를 오가며 우리는 하루하루의 삶을 영위하고 있다. 그런데 여러 선택 중에는 '어떤 배우자를 고를 것인가'하는 문제처럼 중요한 선택도 있을 수 있고, 그다지 심각하게 고민하지 않아도 되는 선택도 있다. 예를 들어, 엎드려 잔다고 해서 그 행위를 나무랄 사람은 없다. 그가 엎드려 자든 똑바로 자든, 그 사람의 자는 행위가 타인에게 어떤 영향을 미치지는 않기 때문이다.

그러나 그 행위가 시청 앞에서 행해진 것이라면 문제는 달라진다. 공공장소에서 자는 행위는 타인에게 직접적이든 간접적이든 영향을 끼치기 때문에 이런 경우에는 사회의 제지를 받는다.

일반적으로, 타인에게 부정적 영향을 끼치는 행위는 도덕적으로 옳지 않은 행위라고 할 수 있고, 반대로 타인에게 긍정적 영향을 주는 행위는 도덕적으로 옳은 행위라고 할 수 있다.

물론 이것은 지극히 단순한 논리다. 세상은 복잡하기 때문이다. 가령 K라는 사람이 시청 앞 도로를 점거하고 임금 인상 시위를 벌인다고 하자. 이 시위 때문에 교통이 마비된다면 많은 시민에게 불편함을 주게 되는 것은 사실이지만, K의 가족과 직장 동료들에게까지 불편함을 주는 것은 아니다. 오히려 K의 시위는 그의 가족과 직장 동료의 복지를 향상시키기 위한 것이라고 할 수 있다. 더구나 K의 시위가 부당한 처사에 맞서기 위한 것이라면 판단의 기준은 좀더 어려워진다. 그러므로 K가 초래한 교통의 불편만을 가지고 행위의 옳고 그름을 따지는 것은 지극히 단순한 논리라고 할 수 있다.

어떤 선택이 타인에게 영향을 준다고 할 때, 그 행위가 어느 한쪽에는 편의를 제공하지만, 다른 한쪽에는 불편을 초래한다면 이는 공정한 행위라고 할 수 없다. 가령 홀숫날에는 홀수 번호를 가진 차만 운행을 하고, 짝숫날에는 짝수 번호를 가진 차만 운행을 하는 '홀수·짝수 운행 제도'를 전면 시행한다고 하자. 이때 어떤 사람이, 한 달은 30일인 경우도 있지만 31일인 경우도 있으니, 이 제도는 홀수 번호를 가진 사람이 불리하다고 이의를 제기할 수 있다. 과연 이 사람의 이의 제기는 단순한 불만에 불과할까?

그렇지 않다. 그의 주장은 정당하다. 한쪽을 소외시키고 다른 한쪽에 더 큰 이익은 주어서는 안 된다는 것이 공평성의 원리이기 때문이다. 이럴 경우 31일은 홀수와 짝수를 가진 사람 모두가 운행할 수 있다는 규칙을 추가하면 크게 이의를 제기할 사람은 없을 것이다.

"열 손가락 깨물어 안 아픈 손가락 없다."라는 말은 모든 손가락을 동일하게 대접하라는 뜻이다. 손가락은 모두 고통을 느끼는 대상이므로 같은 대상에게는 같은 대접을 하라는 것이 '동일성의 원칙'이다. 또한 손가락은 사람에 대한 비유이므로, 이 속담은 모든 사람을 공평하게 대하라는 의미이기도 하다.

체벌은 옳지 못한 것이지만, 비유적인 의미로 생각하고 다음의 상황을 살펴보자. 매를 맞을 때 형이라고 덜 아프고, 동생이라고 더 아픈 것이 아니다. 형제가 모두 고통을 동일하게 느끼는 존재라면, 두 사람이 같은 잘못을 했을 때 체벌의 방식도 같아야 옳다. 그것이 동일성의 원리다.

그런데 아버지가 형은 다섯 대 때리고 동생은 두 대를 때렸다. 아버지는 대체 왜 이런 차별을 한 것일까? 이 경우 아버지는 공평하지 못하다고 할 수 있을까? 형은 다섯 대, 동생은 두 대를 때렸으니 일단 이는 공평하지 않다고 할 수 있다. 하지만 문제는 그렇게 단순하지가 않다. 왜 형과 동생에게 다른 벌을 주었느냐는 물음에 대한 아버지의 답을 들어 보자.

"두 녀석이 같은 잘못을 했고, 동일한 잘못에 대해서는 동일한 벌을 주는 것이 옳습니다. 그러나 이 원칙은 두 가지 점에서 문제가 있습니다.

　첫째, 책임이 더 큰 사람을 더 꾸짖어야 한다는 것입니다. 형은 동생보다 판단력이 뛰어납니다. 미숙한 판단력을 가진 동생을 가르칠 책임이 형에게는 있습니다. 그 책임을 회피했기 때문에 형은 이번 일에서 더 많은 책임을 져야 하고, 그래서 더 큰 벌을 받은 것입니다.

　둘째, 동일한 죄에 대해서는 동일한 벌을 주어야 하고, 벌로 인한 고통의 크기도 같아야 하는 건 맞습니다. 하지만 형은 튼튼하고 동생은 약합니다. 몸이 약한 동생에게 매 두 대는 엄청난 고통입니다. 동생에게 있어서 매 두 대는 형이 맞은 매 다섯 대와 비슷할 겁니다. 즉, 두 대와 다섯 대는 물리적 충격량은 다르지만 형과 동생이 느끼는 심리적 충격량은 비슷합니다. 상황이 다르면 각각의 상황에 맞게 형벌을 적용하는 것이 옳습니다. 차별성의 원리는 궁극적으로 공평성을 지향하는 도덕적 원칙이기 때문입니다.”

　이 아버지의 발언이 다소 현학적이기는 하지만 음미할 필요가 있다. 그는 '다르면 다르게 대접하라'는 차별성의 원리가 궁극적으로는 공평성을 지향하는 도덕적 원칙이라고 했다. 대체 다르게 대하는 것이 어떻게 공평성의 원칙이란 말인가?

왜 14살이 안 되면
형사 처분을 받지 않을까?

현행 형법 제9조는 "14세가 되지 아니한 자의 행위는 벌하지 아니한다."라고 규정하고 있다. 왜 똑같은 죄를 지었는데도 어른은 처벌을 하고, 14살이 되지 않은 경우에는 처벌하지 않을까? 바로 '상황이 다르면 다르게 대하라'는 원리가 적용되었기 때문이다. 14살 미만의 미성년자는 판단 능력도 어른에 비해 뒤지고 여러 가지로 부족한 것이 많기 때문에 '차별성'의 원리를 적용한 것이다. 이때 차별성의 원리를 적용하지 않는다면 법은 공평해질 수 없다.

우리의 법은 금치산자나 한정 치산자, 14살 미만의 미성년자에게는 잘못의 결과를 묻지 않는다. 금치산자(禁治産者)는 심신이 상실되어 자기 행위의 결과를 합리적으로 판단할 능력이 없는 상태에 있는 사람이다. 한정 치산자(限定治産者)는 정신 장애가 있거나,

낭비가 심하여 가정 법원으로부터 재산의 관리나 처분을 제한하는 선고를 받은 사람을 말한다.

이들의 공통점은 무엇일까. 바로 판단력의 부족이다. 판단력이 충분한 사람과 판단력이 부족한 사람을 똑같이 대접해서는 안 된다는 것이 바로 차별성의 원리다. 바로 이 차별성의 원리로 14살이 되지 않은 어린아이는 형사 처분을 하지 않는 것이다.

형사 처분을 받지 않는다고 해서 도덕적인 처벌까지 면제되는 것은 아니다. 부모님으로부터 꾸지람을 듣는 것도 일종의 도덕적인 처벌이고, 주위 사람들로부터 싸늘한 눈초리를 받는 것 역시 도덕적 처벌이다.

어떤 사람은 형사 처분에 비하면 도덕적 처벌은 아무것도 아니라고 생각할 수도 있다. 그러나 이 도덕적 처벌도 법적인 처분만큼 무서울 수 있다. 부모님에게 욕을 했다고 해서 형사 처분을 받지는 않지만 '패륜아'라는 사회적인 비난을 들을 수밖에 없고, 그가 속한 모든 집단으로부터 따돌림을 당할 수밖에 없다. 이런 따돌림을 '사회적 죽음'이라고 할 수 있다. 세상으로부터 차가운 질시를 받으면 사람은 심리적으로 위축될 수밖에 없다. 심한 경우에는 사회로부터 완전히 소외되기도 한다.

사회적 소외는 일종의 추방이라고 봐도 무방하다. 모두 모여 놀이를 하고 있는데 규칙을 지키지 않는 아이가 있다면 내쫓는 것이 당연하다. 놀이의 규칙을 지키지 않으면 같이 어울릴 수 없다. 사회적 존재인 인간이 사회에서 추방되는 것, 그것은 실제의 죽음만큼 큰 벌이다. 이렇게 되면 한없이 쓸쓸하고 한없이 우울할 수밖에 없다. 형사 처분이 없기에 몸은 자유로울 수 있지만, 늘 무겁고 힘겨운 마음의 족쇄를 차야 한다.

세금을 어떻게
물리는 것이 공평한가?

세금을 물리는 데도 공평성의 원리가 적용된다. 과세에 있어서 공평성의 원리가 적용된 예가 '공평 과세'다. 공평 과세란 같은 규모의 소득이나 수입이 있으면 같은 세금을 내야 한다는 것이다. 벌을 줄 때 적용하는 동일성 원리와 흡사하다. 어떤 식으로 돈을 벌든 수입이 같으면 세금도 같아야 한다는 원칙이 바로 과세에 있어서 동일성의 원칙이다.

그런데 형벌에 차별성의 원리가 적용되듯, 세금을 물리는 데도 같은 원리가 적용된다. 차별성의 원리가 무엇인가? 다르면 다르게 대하라는 것이다. 이 원리가 과세에 적용되면 부자는 세금을 많이 내야 하고, 가난한 사람은 세금을 적게 내도 된다. A의 재산이 B보다 10배 많다면, A가 B보다 10배가량의 세금을 더 내야 형평의 원칙에 부합한다고 할 수 있다. 가난한 사람에게 부여되는 100만 원과 부자에게 부여되는 100만 원이 같을 수 없음을 생각해 보자. 만약 이 간단한 사실을 망각하고 빈부에 상관없이 모두 똑같은 세금을 물린다면 이는 가난한 사람을 더욱 가난하게 만드는 과세 방식이라고 할 수 있다.

공평성을 위해서는 외적인 형식만 동일하게 해서는 안 된다. 나이를 따지지 않고 동일한 형벌을 주는 것은 벌에 있어서 외적인 형식만을 추구한 결과다. 마찬가지로 소득에 상관없이 모든 사람에게 똑같은 세금을 걷는 것 역시 형식적인 공평성만을 추구한 결과다.

형벌과 과세에 공통적으로 적용해야 하는 원리는 공평성이다. 그리고 공평성의 핵심은 동일성의 원리와 차별성의 원리를 적절하게 배합하는 것이다. 같으면 같게 적용하는 것이 동일성의 원리이고, 다르면 다르게 적용하는 것이 차별성의 원리다.

역사를 살펴보면 이 차별성의 원리를 적용한 재미있는 사례가 있다. 17세기 말엽, 영국의 부자들은 가난한 사람에 비해 창문이 많은 집을 소유하고 있었다. 당시 정부는 사람들의 소득을 정확하게 파악하기 어려웠기 때문에 창문의 숫자를 납세 능력의 지표로 활용했다. "창문이 많으면 부자다. 고로 창문이 많은 집은 세금을 많이 내야 한다."라는 것이 영국 정부의 생각이었다. 이런 생각에서 나온 것이 '창문세'다. 이 창문세는 경제력에 따라 부과되었으므로 공평 과세의 원칙, 다시 말해 차별성의 원칙에 충실한 세금이라고 할

공평성을 위해서는 외적인 형식만 동일하게 해서는 안 된다.

수 있다.

그러나 국가의 생각과 달리, 부자들은 집의 창문을 막아 버리거나 아예 창이 없는 집을 지었다. 창문을 많이 만들면 채광은 좋아지겠지만 덩달아 세금도 늘어나기 때문이었다. 예나 지금이나 세금을 덜 내려고 하는 것은 모든 사람들의 공통된 심정이다. 지금도 많은 사람들이 세금은 '뜯기는 것'이지 '내는 것'이 아니라는 생각을 가지고 있다. 어쨌든 창문의 숫자를 가지고 세금을 차등적으로 내게 하려고 했던 영국 정부의 의도는 '다르면 다르게 대하겠다'는 차별성의 원리를 과세에 적용한 예라고 할 수 있다.

물에 두 사람이 빠졌다. 누구를 구할 것인가?

물에 두 사람이 빠져서 허우적거리고 있다. 당신이 수영을 잘한다면 누구를 구하겠는가? 단, 체력적인 이유로 한 사람밖에 구할 수 없다고 가정하자. 이 조건은 다음에 나오는 질문에서도 동일하다.

1. 예쁜 사람
2. 평범한 사람

많은 사람들이 1번이라고 답할지도 모르고, 2번으로 답한 사람도 실제 상황에서는 1번을 택할지도 모른다. 아름다움에 끌리는 것은 인간의 본성이니 어쩔 수 없는 것이라고 할 수도 있겠다. 그러나 도덕적인 선택을 할 때 자신의 성향을 기준으로 삼는 것은 옳지 못하다.

물에 빠진 사람 중 어떤 사람을 구할 것인가 하는 문제는 짜장면을 먹을 것인가 우동을 먹을 것인가 하는 문제와는 근본적으로 다르다. 메뉴를 선택할 때는 자신의 취향이나 성향을 기준으로 할 수 있지만, 어떤 사람을 구할 것인가 하는 선택의 순간에는 기준이 달라야 한다.

다시 말해, 나는 예쁜 사람이 좋다거나, 나는 키가 큰 사람이 좋다거나, 나는 목소리가 저음인 사람이 좋다거나, 나는 지방 사람들보다 도시 사람들이 좋다거나, 나는 흑인보다 백인이 좋다거나, 나는 늙은 사람보다 젊은 사람이 좋다거나 하는 개인의 성향으로 물에 빠진 두 사람 중에서 누구를 구할 것인가 하는 문제를 해결하면 안 된다는 것이다.

그렇다면 예쁜 사람과 평범한 사람 중에서 누구를 구해야 할까? 이럴 때는 더 위급한 사람을 구해야 한다. 가령 수영을 못 하는 사람, 몸이 약한 사람을 먼저 구하는 것이 옳다. 전철에 노약자를 위한 좌석이 특별히 마련되어 있는 것도 이와 같은 배려라고 할 수 있다. 자, 이번엔 문제를 바꿔 보자.

물에 두 사람이 빠져서 허우적거리고 있다. 당신이 수영을 잘한다면 누구를 구하겠는가?

1. 평범하게 생기고 수영을 못 하는 사람
2. 예쁘기도 하고 수영도 잘하는 사람

251

결론부터 말하자면, 윤리학에서 말하는 정답은 1번이다. 그 이유는 쉽게 짐작할 수 있다. 수영을 못 하는 사람과 수영을 잘하는 사람은 조건이 같지 않기 때문이다. 같지 않으면, 즉 다르면 다르게 대하라는 것이 차별성의 원리다. 수영을 잘하는 사람은 스스로 자신의 생명을 구할 수 있고, 그렇지 못한 사람은 위험에 빠지기 쉽다. 더욱 위태로운 사람에게 손을 뻗는 것이 윤리적 행동이다. 자, 다시 문제를 바꿔 보자.

물에 두 사람이 빠져서 허우적거리고 있다. 당신이 수영을 잘한다면 누구를 구하겠는가?

1. 수영을 잘하는 당신의 아들
2. 수영을 못 하는 처음 보는 타인

이 경우 역시 차별성의 원리가 적용되어야 한다. 당신의 아들은 수영을 잘하고, 타인은 수영을 못 하기 때문이다. 다르면 다르게 대접하라는 원리를 적용한다면 더 큰 위험 속에 있는 타인을 구하는 것이 도덕적으로 옳은 행위다. 이제 마지막 문제를 풀 차례다.

물에 두 사람이 빠져서 허우적거리고 있다. 당신이 수영을 잘한다면 누구를 구하겠는가?

1. 수영을 못 하는 당신의 아들
2. 수영을 못 하는 처음 보는 타인

두 사람 다 수영을 못 하니 조건은 똑같다. 그러나 한 사람은 당신의 아들이고, 한 사람은 완전한 타인이다. 당신의 마음은 아들에게 끌린다. 그것은 어쩔 수 없는 인간의 마음이다. 아무리 부인하려고 해도 부인할 수가 없다. 당신은 결국 정에 이끌려 당신의 아들을 구한다.

이런 상황, 참으로 난처하다. 동전을 던져서 어떤 사람을 구할 것인지 결정할 수도 없다. 이럴 때 사람들은 대부분 자신의 아들을 구한다. 이때 원칙을 중요시하는 사람들은, 도덕적인 선택의 순간에 부모가 자신의 성향을 드러내었으니 이는 온당하지 못한 행동이라고 비난하기도 한다.

그러나 누가 아들을 사랑하는 마음을 비도덕적이라고 할 수 있는가. 아들과 타인은 같을 수가 없다. 어떤 도덕 원칙을 주장한다고 해도 부모가 아들에게 끌리는 성향을 잘못되었다고 할 수는 없다. 아버지가 아들에게 끌리는 성향은 예쁜 사람에게 끌리는 것과는 엄연히 다르다. 아버지가 아들에게 끌리는 것은 충분히 인류에게 보편적인 성향이라고 할 수 있다. 이런 성향을 도덕 원칙에 따라 비난해서는 안 된다. 아들과 타인은 분명히 다르기 때문이다. 이것은 엄연한 사실이다. 다르면 다르게 대접해야 한다. 여기에 차별성의 원리가 적용될 여지가 마련된다. 타인과 아들을 차별하여 아들을 먼저 구하는 것은 공평성의 원리, 즉 도덕의 원리에 어긋난다고 볼 수 없다.

물론 '엄격한 공평주의자'들은 동전을 던져 구할 사람을 정하는 것이 옳다고 주장한다. 그러나 '느슨한 공평주의자'들은 개인의 성향을 드러낸다고 해서 반드시 나쁜 것만은 아니라고 주장한다. '피는 물보다 진하다'라는 속담은 느슨한 공평주의자들에게는 반가운 속담일 테고, 언제 어디서든 자신의 행동을 보편타당하게 하라는, 도덕적 명령을 최고의 행동 강령으로 아는 이들에게는 달갑지 않은 속담일 것이다.

폭력적인 성향을
타고났다고 해서
죄가 없을까?

"인간이 어떤 선택을 할 때 자신의 성향을 드러내지 않는 것이 가능할까?" 하는 질문에 답해 보자. 질문에 답하기 전에 먼저 선택의 순간을 생각해 보자. 친구를 고를 때도, 태블릿 PC를 고를 때도, 휴대 전화를 고를 때도 우리는 '끌리는 것'을 선택한다. 이런 성향은 본능에 가깝다.

그런데 모든 선택은 본능적인 성향에 의해서 영향을 받고, 본능은 인간의 의지대로 통제할 수 없는 것이니, 이 같은 자신의 행동에 책임을 질 수 없다고 말하는 사람이 있다면 어떻게 해야 할까? 가령 어떤 사람이 폭력적인 성향을 타고났다고 가정해 보자. 폭력적인 성향을 가지고 태어났으니 폭력적일 수밖에 없지 않겠느냐며 그들의 죄를 옹호하는 변호사들도 있을 수 있다는 이야기다. 그들은 특정한 유전자가 폭력적인 행동을 야기한다는 과학자의 이론을 들먹일지도 모른다. 또한 그들은 범죄자의 폭력은 DNA가 만들었으니 폭력의 원인을 제공한 DNA를 처벌해야 한다는 우스꽝스러운 결론을 주장할 수도 있다. 또 뇌의 특정 부분이 손상을 입으면, 그 손상으로 인해서 폭력적인 성향이 야기될 수 있으니 폭력의 원인을 제공한 뇌를 처벌해야 한다는 말도 안 되는 변호를 하는 경우도 있을 수 있겠다. DNA와 뇌가 폭력적인 성향을 만든 것이지 사람에게는 죄가 없다는 것이 변론의 요지다. 과연 이 변론에는 허점이 없을까?

이 변론을 허용하면 상당히 많은 문제점들이 야기된다. 자신의 범죄 행위를 모두 환경적 조건, 즉 유전자나 뇌의 이상으로 책임을 돌릴 수 있다는 것이 문제의 핵심이다. 자신의 책임이 없는 곳에 법과 윤리는 설 자리가 없다. 법과 윤리가 있는 것은 자신의 행위를 책임질 수 있는 의사 결정의 주체인 '내'가 있기 때문이다. "그 행위를 한 건 내가 아니야. 그건 나를 둘러싸고 있는 조건, 다시 말해 DNA와 뇌와 환경이야."라고 말한다면 의사 결정의 주체에게 책임을 묻는 법은 의미가 없어진다.

불공평해!
내 정보는 적은데
왜 네 정보는 많은 거야?

영화 〈왓 위민 원트〉의 한 장면.

잘나가던 광고 기획자 닉 마셜은 승진의 기회를 경쟁 관계에 놓인 달시 맥과이어에게 빼앗긴다. 달시는 강력한 소비력을 가진 여성들을 상대로 광고 기획 팀을 꾸리고, 이에 밀릴 수 없는 닉은 여자를 이해하기 위해 자신이 직접 '여자가 되어 보기'로 결심한다. 여자들처럼 화장도 하고, 여성 속옷도 입어 보던 닉은 욕실에서 우연하게 일어난 사고로 여자의 마음을 훤히 꿰뚫게 된다. 여자의 속마음을 읽게 됨으로써 그들에 대한 풍부한 정보를 확보하게 된 닉, 과연 그에게 문제는 없는 것일까?

카드 게임을 할 때 상대방에게 나의 패를 보여 주어서는 안 된다. 좋은 패를 쥐었다고 기뻐해서도 안 되고 나쁜 패가 들어왔다고 얼굴이 굳어져서도 안 된다. 어떤 상황에서든 변하지 않는 표정, 즉 '포커페이스'를 유지하는 것이 게임에 임하는 기본 자세다. 어떤 패를 쥐었는가에 따라 얼굴 표정이 바뀐다면 내가 가진 패를 상대방이 읽을 수 있기 때문이다. 상대방이 내 패를 읽으면 게임은 나에게 불리하게 전개된다. 왜? 상대방이 나보다 상대적으로 더 많은 정보를 가지고 있기 때문이다.

상대방이 가진 정보와 내가 가진 정보를 양팔 저울에 올려놓는다고 했을 때, 서로가 엇비슷하게 균형을 이루어야 공평하다고 할 수 있다. 그런데 어느 한쪽이 더 많은 정보를 소유하게 되는 경우가 있다. 이를 '정보의 비대칭성'이라고 한다. 정보의 비대칭성은 소유한 정보의 양이 불공평함을 의미한다.

공평성의 원칙을 정보에 적용하면, 모든 정보는 모든 사람들이 공평하게 소유하는 것이 옳다. 그러나 세상을 둘러보면 사람들이 정보를 공평하게 소유하고 있는 것 같지는 않다. 가령 대통령은 국가의 일급비밀을 볼 수 있지만 일등병은 그런 정보에 접근할 수가 없다. 이것도 엄격히 말하자면 일종의 차별이라고 할 수 있다. 대통령도 사람이고 일등병도 사람인데, 왜 똑같은 사람을 차별하느냐고 따져 물을 수도 있을 것이다.

물론 맞는 말이다. 그러나 대통령과 일등병은 엄연히 직분이 다르다. 직분이 다르면 책임과 권한도 다르다. 다르면 다르게 대접하라는 것이 차별성의 원칙이다. 이 원칙에 의해서 대통령과 일등병

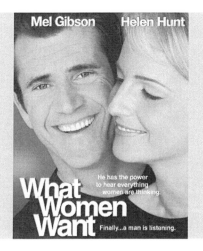

상대방이 가진 정보와 내가 가진 정보를 양팔 저울에 올려놓는다고 했을 때, 서로가 엇비슷하게 균형을 이루어야 공평하다고 할 수 있다.

은 차별적으로 정보를 소유하게 된다. 정보의 소유에도 위아래가 있다는 말이다. 물론 똑같은 직책을 가진 두 명의 일등병 중에서 어떤 일등병이 다른 일등병보다 더 많은 정보를 가진다면 이것은 불공평한 일이다. 평등한 처지에 있는 사람들은 평등하게 정보를 소유하는 것이 바람직하다.

정보는 정보에서 그치지 않는다. 정보는 돈을 만들어 내는 힘을 가진다. 어떤 회사가 해외에 몇 억 달러를 수출한다더라 하는 정보도 마찬가지다. 그런 정보는 그 회사의 주식이 상승할 거라는 예측을 가능하게 한다. 주식에 투자하는 사람들이 좋은 정보에 목말라 하는 것도 그런 이유에서다. 이 경우에서 좋은 정보는 '돈이 되는' 정보다. 이런 좋은 정보를 소수의 몇몇 사람만 안다면 문제가 아닐 수 없다. 어떤 지역에 자동차 공장이 들어설 것이란 정보도 그야말로 '황금 정보'다. 이 정보를 입수한 사람은 자동차 공장이 들어설 곳의 땅값이 오를 것이라는 사실을 예측할 수 있을 것이고, 이런 예측을 바탕으로 땅값이 오를 만한 지역의 토지를 미리 구입하면 큰 이익을 남길 수 있기 때문이다.

이렇게 정보는 이익을 만들어 내는 힘을 가지고 있기 때문에 정보의 불평등은 곧 경제적 불평등으로 이어질 가능성이 크다.

갑돌이란 공무원이 직책상 대한민국 기업들의 내부 사정을 훤히 알 수밖에 없다면, 그는 자신의 직책을 이용해서 큰돈을 벌 수 있다. 바로 이것이 정보의 비대칭성이 야기하는 결과다. 직책을 이용해 큰돈을 번 갑돌이는 카드놀이를 할 때 남보다 더 많은 정보를 가진 사람이라고 할 수 있다. 조금 과장해서 말하자면, 남의 패를 보면서 카드를 치는 것과 다르지 않다.

이것은 불공평하다. 법은 이런 불공평을 막으라고 있는 것이다. 자신이 가진 정보를 이용해서 막대한 부를 취할 수 없도록 법적인 장치를 마련하고, 이를 엄격하게 집행하지 않는다면 대한민국이 법치주의 국가라는 말은 '빛 좋은 개살구'일 수밖에 없다.

한 회사가 제품을 출시할 때도 정보의 비대칭성 문제가 발생한다. 1970년대 후반, 세계 굴지의 자동차 회사인 포드는 서민을 겨냥한 주력 품목으로 '핀토'라는 자동차를 시장에 내놓았는데 충돌 시 연료 탱크가 폭발하는 치명적 결함이 있었다. 그런데도 포드 사는 이 차의 판매를 강행했다. 더욱 놀라운 것은 이 결함을 사전에 알고 있었다는 것이다. 알면서도 왜 그랬을까? 결함을 가진 차를 회수해서 수리하는 비용이, 사고가 났을 때 보상에 소요되는 비용보다 더 크다는 계산이 나왔기 때문이다. 즉, 포드사는 자신들이 알고 있는 정보를 소비자에게 제공하지 않은 책임이 있다.

회사는 정보의 비대칭성을 해소하려는 노력을 기울여 가급적 제품에 대한 많은 정보를 소비자들에게 알려 주어야 한다. 자신의 영업 이익에 도움이 되는 정보만 소비자에게 알리고, 그렇지 않은 정보는 통제함으로써 소비자들을 현혹시켜서는 안 된다.

누가 피자를
차지할 것인가?

　피자 한 조각이 남았다. 아버지와 아들 사이에 묘한 긴장감이 흐른다. 누가 마지막 피자를 차지할 것인지를 두고 촉각을 곤두세우고 있기 때문이다.

　열 살 난 아들과 아버지는 힘이 다르다. 열 살 난 아들이 주몽과 같은 신기한 힘을 가진 아이가 아니라면, '힘의 비대칭성'이 발생하는 것은 당연하다. 이 힘의 비대칭성을 무시하고 팔씨름으로 이긴 사람이 피자를 먹자고 하는 아버지의 제안을 받아들일 아들은 없다. 왜? 자신이 질 것이 분명하기 때문이다. 서로 겨루어 보지 않아도 아들의 패배는 확정적이다. 뭐 때문에 질 것이 분명한 게임을 한단 말인가? 아들로서는 그런 게임을 할 이유가 없다.

　"그냥 아빠가 피자를 드서요."

　차라리 이렇게 말한다면 효자 소리라도 들을 수 있다. 그러지 않고 팔씨름에 응했다가는 게임에서도 지는 아픔을 맛보아야 하고, 아버지에게 피자를 양보(?)해야 하는 설움까지도 감수해야만 한다.

열 살 난 아들과 아버지의 팔씨름 게임처럼 누가 이기고 질 것인지 싸우지 않고도 알 수 있는 게임, 이런 게임은 재미없는 게임일뿐더러 공평한 게임도 아니다. 간단하게 말해, 이 게임이 재미없는 이유는 공평하지 않기 때문이다. 게임이 재미있으려면 공평해야 한다.

그렇다면 어떤 게임이 공평한 게임인가? 자, 여기에서 공평성의 핵심 원리 중 하나가 '차별성'임을 생각해 보자. 열 살 난 아들과 아버지의 힘에는 분명히 차이가 난다. 차이가 나면 다르게 대하라는 것이 차별성의 원칙이다. 그럼 어떻게 하는 것이 공평한 처사일까. 차별성의 원칙을 팔씨름에 적용하면 아버지가 아들의 손목을 잡게 하면 된다. 아버지가 아들의 손목을 잡고 팔씨름을 하게 되면 아들이 이길 수도 있고, 아버지가 이길 수도 있다.

이렇게 누가 이길지 알 수가 없는 게임, 결과가 확실하지 않은 게임, 이것이 정의로운 게임이다. 결과가 불확실한 게임, 즉 누가 이길지 모르는 게임이 정의로운 게임이고, 이것이 재미있는 게임이다. 국가 대표 축구 팀과 초등학교 축구 팀이 정식으로 한판 붙는 게임은 싱겁다. 누가 봐도 승패가 뻔하기 때문이다.

장기를 잘 두는 아버지와 장기에 초보인 아들이 두는 장기 게임도 생각해 보라. 이 장기의 승부 결과에 따라 승자가 피자를 차지하는 게임 또한 누가 봐도 불공평하다. 이런 불공평함을 막기 위해서는 아버지가 '차(車)'를 떼고 장기를 두면 된다. 그래야 결과를 알 수 없는, 다시 말해 '결과의 불확정성'을 만들어 낼 수 있다. 아버지가 차를 떼고 두는데도 불구하고 계속해서 아버지가 이긴다면 어떨까? 이 또한 싱거운 게임일 수밖에 없다. 이럴 때, 아버지가 '포(包)'마저 떼게 되면 경기는 다시 재미있어진다. 누가 이길지 모르는 상황이 전개되기 때문이다.

아버지가 '차'와 '포'를 떼고 두는 장기 게임에는 공평성의 핵심 원리인 '차별성의 원칙'이 숨어 있다. 이 차별성의 원칙을 무시하고, 아버지와 아들이 시합을 벌여 승자가 피자를 차지하는 것은 공평하지 못한 처사다.

왜 장애를 가진
친구들에게는 특별한
혜택이 주어질까?

법은 공평성을 위한 제도다. 힘의 비대칭성, 다시 말해 한쪽의 힘이 강해서 어느 한쪽이 계속해서 이긴다면, 제도와 장치를 만들어 누가 이길지 모르도록 게임의 규칙을 바꾸는 것이 법의 지혜다.

가령 장애를 가진 친구들은 그렇지 않은 친구들에 비해 육체적 능력이 떨어질 수밖에 없다. 남들에 비해 불리한 점을 영어로는 '핸디캡 handicap'이라고 한다. 열 살 난 아들은 아버지에 비해 핸디캡을 안고 있고, 장애를 가진 친구는 그렇지 않은 친구들에 비해 핸디캡을 안고 있다. 이때 핸디캡을 가진 사람에게 이익을 주는 것이 다름 아닌 차별성의 원칙이다. 아버지가 아들의 손목을 잡고 하는 팔씨름, '차'와 '포'를 떼고 두는 장기가 바로 차별성의 원칙이 적용된 게임이다.

정부가 인력을 고용해서 장애를 가진 사람들을 돕게 하는 것도 공평성을 위한 배려라고 할 수 있다. 왜 나에게는 그런 배려를 해 주지 않느냐고 따지는 것은 바로 차별성의 원칙을 모르기 때문이다. 그 사람이 어떤 사람이냐를 따지지 않고 모두에게 똑같이 해 주는 것, 다시 말해 기계적으로 모두에게 같은 대우를 하는 것은 차별성의 원칙을 무시한 불공평한 처사라고 할 수 있다. 정부가 장애를 가진 사람들을 위해 별도의 기금을 마련하는 것도 바로 이런 이유에서다. 이런 제도적인 배려가 있을 때, 장애를 가진 친구와 그렇지 않은 친구들이 재미있는 게임을 할 수 있다.

만약 그런 배려 없이 게임을 하라고 하는 것은, 차이가 나는 두 사람을 동일한 출발점에서 뛰라고 하는 것처럼 어리석다. 세계 육상 대회에서 금메달을 딴 선수와 여러분이 100미터 달리기 시합을 한다고 해 보자. 그냥 재미로 하는 게임이면 몰라도 그 게임의 결과에 따라 승자는 최고급 자동차를 받게 되고, 패자는 장난감 자동차나 받게 된다면, 누가 이런 게임에 응하겠는가? 이런 게임은 절대 정의로운 게임이 아니다.

힘이 약한 사람에게, 즉 핸디캡을 가진 사람에게 특별한 혜택을 주는 것을 어떤 사람들은 '역차별'이라고 주장한다. 왜 힘이 있는 사람을 '거꾸로' 차별하느냐면서 '역차별'이 정의롭지 못한, 불공평한 배려라고 따질 수도 있겠다. 그러나 앞에서 말했듯이 역차별은 힘이 약한 사람도 게임에서 이길 수 있는 기회를 만들어 주기 위한 배려라고 볼 수 있다. 힘이 약한 사람도, 능력이 부족한 사람도, 가진 것이 없는 사람도, 승자가 될 수도 있는(물론 패자가 될 수도 있다. 결과는 불확정적이어야 하니까) 게임이 정의로운 게임이다. 그리고 그런 게임을 유도해 낼 수 있는 사회적인 장치와 제도를 만들어야 하는 것이 우리들의 의무요 책임이라고 할 수 있다.

왜 공무원 채용에서
여성들을 우대할까?

요즘을 '알파걸'의 시대라고 한다. 똑똑한 여자, 능력이 있는 여자들이 많아진 시대라는 이야기다. 수학 능력 시험 수석, 사법 고시 수석을 여자들이 차지하는 일이 비일비재하다. 주로 남자들이 1등을 하던 시대에서 여자들이 1등인 시대로 흐름이 바뀌어 가고 있다. 남녀 공학에서도 상위권 명단에는 여학생들의 이름이 과반수가 넘는 현실이다.

이렇게 여자들의 능력이 남자들을 앞서 가고 있는데도 불구하고 여자들에게 특혜를 주는 분야가 있다. 공무원 채용 시험에서의 '여성 고용 할당제'가 그것이다. 여성 공무원 채용 비율을 미리 정해 놓고 시험 성적에 관계없이 비율대로 합격시키는 제도가 있다면 남성 지원자는 불리할 수밖에 없다. 이에 해당하는 여성들보다 성적이 뛰어남에도 불구하고 탈락하는 남성이 생길 수 있기 때문이다. 왜 내가 저 여자보다 성적이 뛰어난데 불합격의 쓴잔을 마셔야 하느냐고 따질 수 있다. 실제로 많은 사람들이 이 여성 고용 할당제가 평등의 원칙을 위반하고 있다고 반발한다.

여성들이 장애를 가졌다거나, 능력이 떨어진다면 몰라도 여성들의 실력이 더 출중한데도 왜 남성들이 차별을 받아야 하느냐는 것이 항변의 골자다. 조건이 같으면 같게 대접하라는 것이 동일성의 원칙이니까 말이다.

그러나 냉정하게 생각해 보라. 여성들의 처지와 남성들의 처지는 같지 않다. 우리 사회는 여전히 남성 중심의 사회다. 똑같이 채용되었다고 할지라도 높은 위치로 승진하는 데는 여성들이 불리하다. 여성들이 가사와 양육이라는 짐을 남성들보다 더 많이 지고 있다는 것도 여성에게 핸디캡으로 작용할 수 있다.

양성평등 교육이 시행되고 있다고는 하지만, 우리 사회는 여전히 보수적이다. 여자들은 집에서 살림을 해야 한다는 고리타분한 생각을 가진 사람들이 아직도 많고, 여성의 사회 진출을 곱지 않은 눈으로 바라보는 사람들의 숫자 또한 무시할 수 없다. 회사의 최고 경영자·정치인 등 사회의 지도층이라는 곳으로 올라갈수록 여성들의 숫자는 현저히 줄어든다.

바로 이런 예들이 우리 사회가 여전히 남성 중심의 사회이며 여성이 남성보다 사회적으로 약자라는 증거다. 약하면 약한 대로, 강하면 강한 대로 대우하라는 것, 그것이 차별성의 원칙이다. 공무원 채용에는 이런 차별성의 원칙이 숨어 있다고 할 수 있다.

그런데 초등학교나 중학교에는 여자 선생님들이 과반수를 넘는다. 여자 선생님들의 비율이 80퍼센트가 넘는 학교도 있다고 한다. 이처럼 여자 선생님의 숫자는 해가 갈수록 늘고 있다. 이것 또한 문제다.

아이들을 가르치는 데 여자 선생님이면 어떻고 남자 선생님이면 어떠냐고 말할 수도 있겠지만, 여자 선생님의 비율이 80퍼센트인 학교보다는, 선생님의 남녀 비율이 비슷한 학교에서 좀 더 효율적인 교육이 이루어질 수 있지 않을까? 아무래도 강인함이나 근성 같은 부분을 가르치는 것은 남자 선생님이 좀 더 나은 면이 있고, 상대방과 교감하는 능력을 가르치는 것은 여자 선생님이 월등하니까 말이다. 여자 선생님과 남자 선생님의 비율이 엇비슷한 학교는 바로 이런 남성성의 좋은 점과 여성성의 좋은 점을 두루 가진 학교라고 할 수 있다.

자, 다시 원래의 문제로 돌아오자. 여자 선생님들의 숫자는 계속해서 늘고 있는데, 남자 선생님들의 숫자는 줄어들기만 한다면 교사 채용에서 남자를 우대하는 방안도 검토해 볼 수 있다.

누구를 차별하고, 누구를 우대한다면 이는 동일성의 원칙에 어긋나는 것이지만, 여자 선생님들의 숫자가 필요 이상으로 많다면 동일성의 원칙을 무리하게 적용해서는 안 된다. 그렇다고 해서 법과 제도를 고쳐 남자 50퍼센트, 여자 50퍼센트 하는 식으로 교사를 채용한다는 원칙을 세워서도 안 된다. 그것은 또 하나의 불공정이다. 왜 그럴까? 남자보다 시험 성적이 뛰어나지만 비율제에 걸려 탈락하는 여자 지원자가 생길 수도 있기 때문이다. 물론 그 반대의 경우도 마찬가지다.

문제가 복잡하다면, 문제를 바꾸어 생각해 볼 필요가 있다.

"대체 왜 교사를 뽑는가? 교육의 목적이 무엇인가? 교육에 관한 법률은 무엇을 위해 존재하는가?"

이런 근본적인 문제에 대한 성찰이 필요하다는 말이다. 교육은 학생을 가르치는 일이고, 교육과 관련된 법률은 학생들을 잘 가르치게 하는 데 역점을 두어야 한다. 교사 채용에 관련한 법률도 마찬가지다. 무조건 시험 성적에 따라 남녀를 가리지 않고 뽑는 교사 채용법보다, 남녀에 차별을 두어 교사를 채용하는 것이 학생을 올바르게 가르치는 데에 유리하다면 법률의 개정을 검토해 보는 것도 방법이 될 수 있다.

법률의 개정은
어떤 원리에 따라야 할까?

과반수로 어떤 문제를 해결할 수 있다는 것이 투표에 숨어 있는 논리다. 결론부터 말하자면 과반수 논리는 의사를 결정하거나 문제를 해결하는 데 적합하다고 말할 수 없다.

누가 살인 사건의 범인인지 투표로 결정하자고 하면, 이에 동의할 사람은 아무도 없다. 수학 문제의 정답을 투표에 붙이는 건 것 또한 개그 프로그램에서나 가능하다. 우리 지역에 공업 단지를 유치하느냐 마느냐의 문제를 투표에 부치는 것도 논란이 있을 수 있다. 환경 파괴를 문제 삼으면서 공단 유치를 반대하는 사람도 있을 테지만, 대부분의 사람들은 공단 유치가 경제적으로 이익이 된다고 판단할 것이다.

핵심은 소수의 의견이 왜 합리적인가를 따지지 않고, 단지 숫자만 가지고 어떤 사안에 대해 옳다 그르다 판단하는 것은 바람직하지 않다는 말이다. 소수의 의견이 옳을 수도 있기 때문이다. 결국 무엇이 옳으냐가 문제이지, 어느 쪽의 숫자가 많은가는 중요하지 않다.

누가 옳은가, 누가 그른가를 따지는 과정이 다름 아닌 의사소통 과정이다. 다른 말로 하면 토론이라고도 할 수 있다. 토론이 활성화되려면 먼저 여러 가지 전제 조건이 충족되어야 한다.

첫째, 자유로운 분위기에서 이루어져야 한다. "어떻게 건방지게 어른 앞에서 그런 소리를 할 수 있어." 이런 분위기에서는 토론이 될 수 없다. 물론 어른에게 상소리를 한다거나 예의 없이 건방진 말투를 구사해서도 안 된다. 그러나 정당한 예의를 갖추고 하는 말임에도 불구하고 나이를 들먹이면서 타인의 말을 무시하는 상황에서는 토론이 이루어질 수 없다. 그가 무엇을 말하는지를 살피고, 그의 논리가 합리적이고 타당한지를 검토하는 것이 바람직하다. "감히 학생이 선생에게 그런 말을 해."라고 하는 분위기에서 토론은 훈계와 꾸지람만을 만들어 낸다. 이런 상황에서 당연히 학생은 토론할 힘과 에너지를 잃어버릴 수밖에 없다. 반대의 의견을 내는 사람에게 핍박을 가하는 독재자 앞에서는 말할 것도 없다. 힘과 권력을 앞세우는 그릇된 권위주의는 토론의 싹을 뭉갠다.

자유로운 분위기는 관용의 정신에서 싹튼다. 관용의 정신이란 차이를 존중하는 마음에서 비롯된다. 피부색이 다르고, 살아온 환경이 다르면 생각이 다르기 마련이다. '나는 이렇게 생각하는데 왜 너는 그렇게 생각하느냐? 나는 차이를 받아들일 수 없다. 나는 내 생각대로 너의 의지를 바꾸고 싶다. 나의 생각대로 너의 생각을 바꾸고 싶다'는 식의 동화(同化) 의지는 폭력을 낳기 마련이다. 동화 의지란 결국 내 생각에 따르라는 폭압이다. 너의 생각을 인정하지 않겠다는 일종의 배타주의다.

둘째, 정당한 토론을 위해서는 풍부한 정보가 공개되어야 한다. 어떤 문제에 대해 토론을 벌일 때, 그 문제에 대한 정보에 누구나 자유롭게 접근할 수 있어야 한다. 가령 공업 단지를 우리 고장에 유치할 것인지 놓고 토론할 때, 공단 입주를 찬성하는 쪽에서 유치에 유리한 자료는 공개하면서도, 불리한 자료는 숨겨 버린다면 시민들은 적절한 판단을 내리기가 힘들다.

이것이 앞에서 말한 '정보의 비대칭성'이다. 어떤 문제에 대해 다양한 시각과 문제점을 모두 공개해야 올바른 토론이 이루어진다. 정보가 잘 유통되고 원활히 흘러야지, 흐르던 정보가 어느 한쪽에 가서 막혀 버리면 제대로 판단할 수 없다. 정보가 활발하게 유통되게 하는 것이 언론인의 몫이고, 시민의 몫이고, 기업인의 몫이다. 포드사의 핀토 자동차 경우처럼 회사에 유리한 정보는 공개하면서도 불리한 자료는 감추는 짓을 해서는 안 된다. 그러고는 우리 회사는 소비자들의 이익을 향상시키는 데 온 힘을 다하겠다고 공언하다면 이는 거짓에 불과하다.

풍부한 정보 속에서, 그리고 자유롭고 관용적인 분위기 속에서 합리적인 절차에 따라 결정된 사항을 내 입맛에 맞지 않는다고 거부할 권리는 없다.

그러나 과연 그럴까? 의사 결정이 합리적인 과정을 거쳤다고 해서 그 결론도 옳을까?

물음을 달리할 수
있는 능력이
철학적 능력이다

아주 오래전의 일이다.

어떤 남학생이 '여학생과 만나서는 안 된다'는 학칙을 어긴 적이 있다. 학교 상벌 위원회에서는 어떤 벌을 줄 것인가 하는 토론을 거쳐 근신 처분을 내렸다. 학칙도 엄연한 규칙이니 학생은 마땅히 따라야 했다. 그러나 당시 그 학생은 이렇게 문제 제기를 했다.

"왜 여학생과 만나면 안 됩니까? 남학생이 여학생과 만나면 안 된다는 조항은 잘못된 게 아닙니까?"

이 학생의 항변에는 잘못이 없다. 애초에 잘못된 것은 '여학생과 만나서는 안 된다'는 학칙이다. 어떤 사안을 두고 토론을 벌일 때, 그것의 근본적인 전제가 잘못된 것은 아닌지 질문을 던질 수 있어야 한다.

다시, 우리 고장에 공업 단지를 유치하느냐 마느냐의 문제를 두고 시민들의 의견을 묻는 공청회를 열었다고 가정해 보자. 공업 단지 유치가 지역 경제 활성화에 도움을 줄 수 있으므로 많은 사람들이 유치 결정에 찬성할 수 있다.

이때, 우리는 왜 지역 경제를 활성화해야 하느냐는 근본적인 질문을 던질 수 있다. 찬성하는 쪽은 당연히 지역 경제 활성화가 주민을 부유하게 만들 수 있기 때문이라고 답할 것이다. 그렇다면 다시 왜 부자가 되어야 하느냐고 질문을 던질 수 있다. 그럼 이번에는 돈이 행복을 가능하게 해 주는 것이기 때문이라는 대답이 나올지도 모른다.

사실 우리 사회의 많은 문제들이 이런 생각에서 결정되곤 한다. 돈이 곧 행복이라는 등식이 그것이다. 그러나 한 번 파괴된 환경은 복구가 어렵고, 파괴된 환경은 시민들의 행복의 질을 낮출 수밖에 없다는 주장도 만만치 않을 것이다. 이쯤 되면 토론회는 어지러울 수밖에 없다. 공업 단지를 유치하느냐 마느냐의 문제가 과연 행복이란 무엇인가 하는 문제로 바뀌었기 때문이다.

철학이나 인문학의 목적은 문제를 쉽게 만들자는 데 있지 않다. 무엇이 옳고 그르냐를 따지는 문제는 손쉬운 과정이 아니다. 손쉽게 문제를 해결하는 것은 투표다. 찬성이나 반대의 많고 적음으로 어떤 결정을 내리고자 하는 것이 투표의 논리다. 문제를 빨리 처리하기에는 적절할지 몰라도 정의로운 원리라고 하기는 어렵다. 그것이 정의가 되기 위해서는 보다 꼼꼼하게 묻는 과정이 필요하다. 그 물음의 과정이 토론이다. 토론의 물음이 잘못되었다면 그 물음의 전제를 다시 검토해 보고 질문을 다시 바꿀 필요가 있다.

빅토르 위고의 소설, 『레미제라블』의 장 발장을 떠올려 보자. 장 발장은 조카들을 먹여 살리기 위해 열심히 일했다. 하지만 일거리가 없는 겨울철이 되어 조카들이 굶주리자 빵을 훔치다 잡히고 만다. 그런데 조사 과정에서 허가 없이 사냥했던 것이 들통 나 징역을 살게 된다. 장 발장은 조카들이 굶어 죽을 것이 걱정되어 계속 탈옥을 시도하다가, 결국 19년 동안이나 감옥에 갇혀 살았다.

자, 장 발장이 빵을 훔친 행위를 두고 도덕적이냐 아니냐를 따진다고 하자. 남의 물건을 훔치면 안 된다는 법을 어겼으니 장 발장의 행동은 잘못이라고 할 수 있다. 그러나 그것은 초등학생이나 할 법한 답변이다. 질문을 바꿀 수 있는 능력이 사유의 힘임을 명심하자.

'부모 없는 아이들이 속절없이 굶고 있는데 국가는 무엇을 한 것인가? 국가는 아무런 책임이 없는가?'라는 질문을 던질 수도 있겠고, '장 발장이 어떤 의도로 빵을 훔쳤는지를 따지지 않고, 단순하게 행동만을 가지고 형벌을 결정하는 것은 온당한 일인가?'라고 질문을 던질 수도 있다.

'내가 장 발장과 똑같은 처지에 처했다면 어떻게 행동했을까?', '한 사람의 행동을 그 결과만 가지고 판단하는 것은 옳은 일인가?', '조카를 구하기 위한 목적이 도둑질이라는 수단도 정당화할 수 있는가?' 등등 여러 가지 의문이 뒤따를 수 있다.

이런 질문의 과정이 곧 독서의 과정이고, 생각의 결을 다듬어 가는 사유의 과정이다.